T0076918

SECCIÓN I
HERMENÉUTICA

*Reglas de la interpretación
de las Sagradas Escrituras*

Por E. Lund
P. C. Nelson

Hermenéutica

Introducción

Bíblica

E. Lund y A. Luce

La misión de Editorial Vida es ser la compañía líder en comunicación cristiana que satisfaga las necesidades de las personas, con recursos cuyo contenido glorifique a Jesucristo y promueva principios bíblicos.

HERMENÉUTICA INTRODUCCIÓN BÍBLICA
Edición en español publicada por primera vez por
Editorial Vida – 1975
© 1975 Editorial Vida
Miami, Florida

©1975 por Editorial Vida

Revisada 2001.

Diseño interior: *Luis Bravo*
Diseño de cubierta: *Sara Wenger*

RESERVADOS TODOS LOS DERECHOS.

ISBN: 978-0-8297-0564-5

CATEGORÍA: Estudios bíblicos /Exégesis y hermenéutica

IMPRESO EN ESTADOS UNIDOS DE AMÉRICA
PRINTED IN THE UNITED STATES OF AMERICA

24 25 26 27 28 LBC 205 204 203 202 201

ÍNDICE
SECCIÓN I

HERMENÉUTICA

SECCIÓN II

INTRODUCCIÓN BÍBLICA

PRÓLOGO

Un libro de la índole del presente es de una gran necesidad en los países de habla castellana. Desde hace años se agotó la primera edición y era imposible atender la demanda de los muchos que lo solicitaban. Después se publicó en "Revista Homilética," pero se necesitaban dos volúmenes de dicha publicación para reunir toda la obra y por eso se ha visto la necesidad de publicarla en forma de libro.

Su autor, el Dr. Lund, puede considerarse como el más fecundo y prestigioso maestro de estudios bíblicos en la lengua castellana, y su nombre es ya de mucho tiempo bien conocido por la erudición y valor de sus producciones. El mismo Meléndez Pelayo le califica de filólogo, y esto cuando el Dr. Lund dominaba, a más de las lenguas en que se escribió la Biblia, seis o siete lenguas modernas europeas; pero más tarde, habiendo emprendido obra misionera en las Filipinas, ha cultivado varios de los idiomas y dialectos de aquel archipiélago, habiendo traducido la Biblia entera al panayano y el Nuevo Testamento a los dialectos Cebú y Samar.

Tanto "Ayuda del predicador" como la antes citada "Revista

Homilética" y sus muchos tratados, folletos, artículos, etcétera, ponen de manifiesto la energía y actividad de su autor, así como su competencia en el estudio bíblico, y además avaloran sus obras la más estricta fidelidad al texto sagrado y la pureza de las doctrinas que expone.

Esperamos que este libro sea una verdadera bendición para cuantos lo lean, ya sean predicadores y evangelistas o sencillamente cristianos, amantes del estudio bíblico.

Capítulo I
IMPORTANCIA
DE SU ESTUDIO

1. Una de las primeras ciencias que debe conocer el predicador es ciertamente la hermenéutica. Pero ¡cuántos predicadores conocemos que ni de nombre la conocen! ¿Qué es, pues, la hermenéutica? "Arte de interpretar los textos," responde el diccionario. Pero la hermenéutica (del griego *hermenevein,* interpretar), de la cual nosotros nos ocuparemos, forma parte de la Teología exegética, o sea la que trata de la recta inteligencia e interpretación de las Escrituras bíblicas.

2. Pedro mismo admite, hablando de estas Escrituras, que entre las del Nuevo Testamento "hay algunas difíciles de entender, las cuales los indoctos e inconstantes tuercen, como también las otras Escrituras (las del Antiguo) para perdición de sí mismos." Y para mayor desgracia y calamidad, cuando estos indoctos en los conocimientos hermenéuticos se presentan como doctos, torciendo las Escrituras para probar sus errores, arrastran consigo multitudes a la perdición.

3. Tales indoctos, pretendidos doctos, han resultado siempre heresiarcas o erroristas, desde los falsos profetas de antaño hasta los papistas de la era cristiana, y los eddiistas y ruselis-

tas de hoy. Y cualquier predicador que ignore esta importante ciencia se verá muchas veces perplejo, y caerá fácilmente en el error de Balaam y en la contradicción de Coré. El arma principal del soldado de Cristo es la Escritura, y si desconoce su valor e ignora su legítimo uso, ¿qué soldado será?

4. No hay libro más perseguido por los enemigos, ni libro más torturado por los amigos, que la Biblia, debido a lo último a la ignorancia de toda sana regla de interpretación. Esto, hermanos, no debe ser así. Este don del cielo no nos ha venido para que lo usemos cada cual a gusto propio, mutilándolo, tergiversándolo o torciéndolo para nuestra perdición.

5. Acordémonos, que las mismas variadísimas circunstancias que concurrieron en la producción del maravilloso libro, requieren del expositor que su estudio sea detenido y siempre "conforme a ciencia," conforme a principios hermenéuticos.

a) Entre sus escritores, "los santos hombres de Dios, por ejemplo, que hablaron siempre inspirados del Espíritu Santo," hallamos personas de tan variada categoría y educación, como lo son, sacerdotes, como Esdras; poetas, como Salomón; profetas, cual Isaías; guerreros, como David; pastores, cual Amós; estadistas, como Daniel; sabios, como Moisés y Pablo, y "pescadores, hombres sin letras," como Pedro y Juan. De éstos, unos formulan leyes, como Moisés; otros escriben historia, como Josué; éste escribe salmos, como David; aquél proverbios, como Salomón; unos profecías, como Jeremías; otros biografías, como los evangelistas; otros cartas, como los apóstoles.

b) En cuanto al tiempo, vivía Moisés 400 años antes del sitio de Troya y 300 años antes de aparecer los más antiguos sabios de Grecia y de Asia, como Tales, Pitágoras y Confucio, viviendo Juan, el último escritor bíblico, unos 1500 años después de Moisés.

c) Respecto al lugar, fueron escritos en puntos tan distintos como lo son el centro de Asia, las arenas de Arabia, los desiertos de Judea, los pórticos del Templo, las escuelas de los profetas en Betel y Jericó, en los palacios de Babilonia, en las orillas de Chebar y en medio de la civilización occidental, tomándose las figuras, símbolos y expresiones de los usos, costumbres y escenas que ofrecían tan variados tiempos y lugares. Los escritores bíblicos fueron plenamente inspirados, pero no de tal modo que resultase superfluo el mandamiento de escudriñar las Escrituras y que se dejara sin consideración tanta variedad de personas, asuntos, épocas y lugares. Estas circunstancias, como es natural, influyeron aunque no ciertamente en la verdad divina expresada en el lenguaje bíblico, pero sí en el lenguaje mismo, del que se ocupa la hermenéutica y que tan preciso es que comprenda el predicador, intérprete o expositor bíblico.

6. Una breve observación general respecto a dicho lenguaje, acaso nos hará más patente todavía la suma necesidad del conocimiento de reglas de sana interpretación para el estudio provechoso de las Escrituras. Ciertos doctos, por ejemplo, que han vivido siempre "incomunicados" respecto al lenguaje bíblico encuentran tal lenguaje chocante o incompatible con su imaginario ideal de revelación divina, todo por la superabundancia de todo género de palabras y expresiones figuradas y simbólicas que ocurren en las Escrituras. Algún conocimiento de hermenéutica, no sólo les libraría de tal dificultad, sino acaso les persuadiría de que tal lenguaje es el divino por excelencia, como es el más científico y literario.

7. Un científico de fama solía insistir en que sus colaboradores científicos, en la cátedra, encarnaran lo invisible, porque, decía, "tan sólo de este modo podemos concebir la existencia de lo invisible obrando sobre lo visible." Pero esta idea de la ciencia moderna es más antigua que la misma Biblia, puesto que, en verdad, fue Dios el primero que encarnó sus pensamientos invisibles en los objetos visibles del Universo, revelándose así e ilustrándose a sí mismo. "Porque lo que de Dios se conoce. . . Dios se lo manifestó; porque las cosas invisibles de él, su eterna potencia y divinidad, se echan de ver desde la creación del mundo, siendo entendidas por las cosas que son hechas." (Rom. 1:20). He aquí, pues, el Universo visible, tomado como gigantesco diccionario divino, llenísimo de innumerables palabras que son los objetos visibles, vivos y muertos, activos y pasivos, expresiones simbólicas de sus ideas

invisibles. Nada más natural, pues, que al inspirar las Escrituras se valga de su propio diccionario, llevándonos por medio de lo visible a lo invisible, por la encarnación del pensamiento, al pensamiento mismo; por lo objetivo a lo subjetivo, por lo conocido y familiar a lo desconocido y espiritual.

8. Pero esto no sólo fue natural, sino absolutamente necesario en vista de nuestra condición actual, por cuanto las palabras exclusivamente espirituales o abstractas, poco o nada dicen al hombre natural. Apenas hay un hecho relacionado con la mente y la verdad espiritual que se pueda comunicar con provecho sin echar mano al lenguaje nacido de objetos visibles. Dios ha tenido en cuenta esta condición nuestra. No nos extrañemos, pues, que para elevarnos a la concepción posible del cielo se valga de figuras o semejanzas tomadas de las escenas gloriosas de la tierra; ni de que para elevarnos a la concepción posible de su propia persona, se valva de lo que fue la "corona" de la creación, presentándosenos como ser corporal, semejante a nosotros. Huelga decir que para la recta comprensión de la verdad, así en símbolo, y figura por la necesidad humana, se requiere meditación y profundo estudio.

9. Pero es preciso observar aquí que dichas expresiones figurativas o simbólicas no se deben meramente a la naturaleza de la verdad espiritual, a la maravillosa relación entre lo invisible y lo visible, sino también al hecho de que tal lenguaje resulta el más a propósito, por ser el más hermoso y expresivo. Lleva ideas a la mente con mucha más viveza que la descripción prosaica. Encanta y recrea la imaginación a la par que instruye el alma y fija la verdad en la memoria, deleitando el corazón. ¡Cuán erróneo concepto de lo que es propio, abrigan los que imaginan que la Biblia, para ser revelación divina, debiera haberse escrito al estilo de la aritmética o la geometría! ¿No ha enloquecido Dios por su sabiduría, la sabiduría del mundo?'

Acordémonos, pues, en resumen, que las Escrituras, tratando de temas que abarcan el cielo y la tierra, el tiempo y la eternidad, lo visible y lo invisible, lo material y lo espiritual, fueron escritas por personas de tan variada naturaleza, y en épocas tan remotas, en países tan distantes entre sí, y en medio de

gentes y costumbres tan diferentes y en lenguaje tan simbólico, que fácilmente se comprenderá que para la recta inteligencia y comprensión de todos nos es de suma necesidad todo el
consejo y auxilio que nos pueda ofrecer la hermenéutica.

PREGUNTAS

1. ¿Qué es la hermenéutica?
2. ¿A dónde conduce la ignorancia de la misma?
3. ¿A qué debemos los erroristas y heresiarcas?
4. ¿Para qué se nos ha dado la Escritura?
5. ¿Qué circunstancias, en la producción de las mismas, hacen
necesario el estudio de la hermenéutica? ¿Por quién, sobre qué, en qué
épocas y lugares fueron escritas? ¿De qué manera requieren estas circunstancias conocimientos hermenéuticos?
6. ¿Por qué razón ciertos doctos niegan la inspiración divina de la
Biblia?
7. ¿De qué modo científico se revela lo invisible? ¿Cuál es el plan
y proceder divinos de este caso?
8. ¿Por qué fue necesario el uso del lenguaje figurado en la revelación desde el punto de vista humano?
9. ¿Por cuál otra razón el lenguaje bíblico es el más a propósito para
la humanidad?
10. En resumen: ¿Por qué es de suma importancia el conocimiento hermenéutico para la recta comprensión de la Biblia?

Capítulo II
DISPOSICIONES NECESARIAS PARA EL ESTUDIO PROVECHOSO DE LAS ESCRITURAS

Así como para apreciar debidamente la poesía se requiere poseer un sentimiento especial hacia lo bello y poético, y para el estudio de la filosofía es necesario un espíritu filósofo, asimismo es de la mayor importancia una disposición especial para el estudio provechoso de la Sagrada Escritura ¿Cómo podrá una persona irreverente, ligera, impaciente e imprudente, estudiar e interpretar debidamente un libro tan profundo y altamente espiritual como es la Biblia? Necesariamente, tal persona juzgará de su contenido como el ciego de los colores. Para el estudio y recta comprensión de la misma se necesita, pues, por lo menos, un espíritu respetuoso y dócil, amante de la verdad, paciente en el estudio y dotado de prudencia.

1. Se necesita un **espíritu respetuoso**, porque, por ejemplo, un hijo irrespetuoso, ligero y frívolo, ¿qué caso hará de los consejos, avisos y palabras de su padre? La Biblia es la revelación del Omnipotente, es el milagro permanente de la soberana gracia de Dios, es el código divino por el cual seremos juzgados en el supremo día, es el Testamento sellado con la sangre de

Cristo. Pero, con todo y ante tal maravilla, el hombre irreverente se hallará como el ciego ante los sublimes Alpes de Suiza, o peor aún; tal vez como el insensato que echa lodo sobre un monumento artístico que admira todo el mundo. He aquí en qué espíritu, a la vez reverente y humilde, contemplaban la Palabra de Dios los primitivos cristianos. "Damos gracias a Dios sin cesar—dice Pablo,— de que habiendo recibido la Palabra de Dios que oísteis de nosotros, recibisteis, no palabra de hombres, sino según es en verdad la Palabra de Dios, el cual obra en vosotros que creísteis." Recíbase así la Escritura, con todo respeto. Y como dice Jehová: "A aquel miraré que es pobre y humilde de espíritu y que tiembla a mi palabra." Estúdiese en tal sentimiento de humildad y reverencia, y se descubrirán, como dice el Salmista, "Maravillas en su ley." (1a Tes. 2:13; Isa. 66:2; Salmo 119:18).

2. Se necesita un **espíritu dócil** para un estudio provechoso y una comprensión recta de la Escritura, pues, ¿qué se aprenderá en cualquier estudio si falta la docilidad? A la persona obstinada y terca que intenta estudiar la Biblia, le pasará lo que dice Pablo del "hombre animal." "El hombre animal no percibe las cosas que son del espíritu de Dios, porque le son locura y no las puede entender, porque se han de examinar espiritualmente." Sacrifíquense, pues, las preocupaciones, las opiniones preconcebidas e ideas favoritas y empréndase el estudio en el espíritu de dócil discípulo y tómese por Maestro a Cristo. Debe tenerse siempre presente que la obscuridad y aparente contradicción que se pudiera encontrar no reside en el Maestro ni en su infalible libro de texto, sino en el corto alcance del discípulo. "Si el Evangelio está aún encubierto—dice el Apóstol,— entre los que se pierden está encubierto, en los cuales el dios de este siglo cegó los entendimientos." Pero el discípulo humilde y dócil que abandonando a ese maestro que ciega los entendimientos, adopta a Cristo por Maestro, verá y entenderá la verdad, porque Dios promete "encaminar a los humildes por el juicio y enseñar a los mansos su carrera." (1a Cor. 2:14; 2a Cor. 4:3-6; Salmo 25:9).

3. Es preciso ser **amante de la verdad**, porque, ¿quién se

cuidará de buscar con afán y recoger lo que no se aprecia y estima? De necesidad imperiosa, para el estudio de la Escritura Sagrada, es un corazón deseoso de conocer la verdad. Y téngase presente que el hombre no posee por naturaleza tal corazón, sino al contrario, un corazón que huye de la verdad espiritual y abraza con preferencia el error. "La luz vino al mundo,—dice Jesús de sí mismo,—pero los hombres amaron más las tinieblas que la luz." Aún más; dice él mismo, que la "aborrecieron," y he aquí por qué en su creciente ceguedad pasan del aborrecimiento a la persecución y de la persecución a la crucifixión del Maestro. "Dejando, pues. . . , todo engaño—dice Pedro—desead, como niños recién nacidos, la leche espiritual, que es la verdad revelada." El que con este deseo la busca, escudriñando las Escrituras, también la hallara. Porque al tal "el Padre de gloria dará espíritu de sabiduría y de revelación para su conocimiento." Si: "El secreto de Jehová es para los que le temen y a ellos hará conocer su alianza." (Juan 3:19, 20; 1a Pedro 2:1, 2; Efe. 1:17; Salmo 25:14).

4. También se debe ser paciente en el estudio, pues, ¿qué adelanto hará una persona impaciente, inconstante y cambiadiza en cualquier trabajo que emprenda? Para todo se necesita esta virtud. Al decir Jesús: "Escudriñad las Escrituras," se vale de una palabra que denota el trabajo del minero que cava y revuelve la tierra buscando con diligencia el metal precioso, ocupado en una obra que requiere paciencia. Las Escrituras, necesariamente deben ser ricas en contenido e inagotables, como las entrañas de la tierra. Y por lo mismo, sin duda, Dios ha dispuesto que en algunas partes fuesen profundas y de difícil penetración. Por otra parte, el fruto de la paciencia es deleitoso y cuanta más paciencia se ha empleado para encontrar un tesoro, tanto más se aprecia y tanta más delicia produce. Llévese, pues, al estudio de las Escrituras tanta paciencia como a las cosas ordinarias de la vida. Manifiéstese, además, esa "nobleza" que caracterizaba a los de Berea, de los cuales dice la Escritura que "fueron más **nobles** que los que estaban en Tesalónica, pues recibieron la palabra con toda **solicitud**, **escudriñando cada día las Escrituras**," y se verá cómo este

trabajo lleva el premio en sí mismo. "¡Cuán dulces son a mi paladar tus palabras!; más que la miel a mi boca... Maravillosos son tus testimonios... Gózome yo en tu Palabra como el que halla muchos despojos... Por eso he amado tus mandamientos más que el oro, y más que el oro muy puro." Tal es el testimonio del Salmista, que había hecho de la Palabra de Dios su diligente estudio y perseverante meditación, y tal será la experiencia del imitador de su ejemplo. (Juan 5:39; Hechos 17:11; Salmo 119:103,129, 162, 127).

5. Para el estudio provechoso de las Escrituras se necesita, a lo menos, la prudencia de saber principiar la lectura por lo más sencillo y proceder a lo que es más difícil. Es fácil descubrir que el Nuevo Testamento es más sencillo que el Antiguo y que los evangelios son más sencillos que las cartas apostólicas. Aun entre los evangelios, los tres primeros son más sencillos que el cuarto. Princípiese, pues, el estudio por los tres primeros. A continuación del tercero puédese leer, por ejemplo, el libro de los Hechos, que es de más fácil comprensión que el evangelio según Juan, cuyo contenido es muy profundo. En una palabra, téngase la prudencia de saber pasar de lo sencillo a lo difícil para sacar provecho y no arrinconar el libro por incomprensible, como han hecho algunos imprudentes. Puédense resumir todas estas disposiciones en aquel rasgo característico manifestado por los discípulos de Jesús en los momentos de no comprender sus palabras: Le preguntaron por el significado, le pidieron explicación. Y leemos: "Aparte explicaba todo a sus discípulos," "les abrió el sentido para que entendiesen las Escrituras." Su ejemplo, en este caso, además de indicar las condiciones precisas para el provechoso estudio de las Escrituras, nos ofrece la regla fundamental que se debe observar en este trabajo: la oración, la súplica. Nunca se debe emprender el estudio sin haber pedido al Maestro que abra el entendimiento y aclare su Palabra.

La fuente de toda luz y sabiduría es Dios, y dice la promesa: "Si alguno de vosotros tiene falta de sabiduría demándela a Dios... y le será dada." Así lo hacía David: "Abre mis ojos, dice, enséñame tus estatutos, dame entendimiento, inclina mi corazón a tus testimonios." Y pudo cantar el resultado de su proceder, diciendo:

"¡Cuán dulces son a mi paladar tus palabras!...

Más que mis enseñadores he entendido."

Sígase su ejemplo y será idéntico el resultado. (Mat. 13:36; Mar. 4:10, 34; Luc. 24:45; Sant. 1:5,7; Salmo 119:18, 26, 34, 37, 99,104).

PREGUNTAS

1. ¿ Por qué el estudio provechoso de las Escrituras requiere un espíritu especial? Y ¿por qué es necesario que sea respetuoso?

2. ¿Por qué se necesita un espíritu dócil para el estudio y recta comprensión de la Biblia?

3. ¿Por qué es preciso que ame la verdad el escudriñador de las Escrituras y por qué quedará sin fruto quien ame el error?

4. ¿Por qué requiere paciencia el estudio provechoso de la Biblia?

5. ¿Por qué se necesita prudencia o sentido común en el estudio de las Escrituras? ¿En qué casos especiales se debe usar tal prudencia o sentido común?

Nota: — Repase cuidadosamente esta importante lección, no sólo con el objeto de saber contestar a las preguntas, sino con el más alto fin de adquirir las indicadas disposiciones necesarias para el estudio provechoso de la Palabra divina.

Capítulo III
OBSERVACIONES GENERALES EN ORDEN AL LENGUAJE BÍBLICO

1. Según el testimonio de la Sagrada Escritura misma, fue divinamente inspirada "para enseñar, para redargüir, para corregir, para instituir en justicia, para que el hombre de Dios sea perfecto y enteramente instruido para toda buena obra." En una palabra, la Escritura lleva por objeto hacer al hombre "sabio para la salvación por la fe que es en Cristo Jesús." (2a Timoteo 3:14-17).

2. Por lo mismo, esperamos y esperamos, con razón, que la Biblia hable con sencillez y claridad.

3. Efectivamente, leyendo, por ejemplo, el Nuevo Testamento, hallamos a cada paso en sus páginas los grandes principios y deberes cristianos expresados en lenguaje sencillo y claro, evidente y palpable. En cada página resalta la espiritualidad y santidad de Dios, a la vez que la espiritualidad y fervor que requiere su adoración. En todas partes se nos pinta la caída y corrupción del hombre y la consiguiente necesidad de arrepentimiento y conversión. En todas partes se nos proclama la remisión del pecado en el nombre de Cristo y la salvación por sus méritos; la vida eterna por la fe en Jesús, y, al mismo

tiempo, la muerte eterna por la falta de fe en el Salvador. A cada paso constan los deberes cristianos en todas las circunstancias de la vida y las promesas de sostén del Espíritu de Dios en el combate contra la corrupción y el pecado. Estas verdades brillan como la luz del día, de suerte que ni el lector más superficial e indiferente dejará de verlas.

4. Pero, ¿qué sucede? Lo mismo que en otros libros. En el más simple tratado de escuela primaria, que se ocupa tan sólo de cosas terrenas, se hallan, por ejemplo, palabras y pasajes que no comprende, sin explicación, el hombre sin estudios. ¿Sería, pues, extraño hallar palabras y pasajes de difícil comprensión en las Sagradas Escrituras, que en lenguaje humano tratan de cosas divinas, espirituales y eternas? Si en una provincia de España se usan figuras o modos de expresarse que en otra no se comprenden sin interpretación, ¿sería extraño hallar tales figuras y expresiones en las Escrituras, que fueron escritas en países lejanos, todos diferentes al nuestro? Si todo escrito antiguo ofrece puntos obscuros, ¿acaso sería extraño que los tuviera un libro inspirado por Dios a sus siervos en diferentes épocas hace ya centenares y millares de años? Nada más natural que contengan las Escrituras puntos obscuros, palabras y pasajes que requieren estudio y cuidadosa interpretación.

5. Recordemos aquí, que únicamente en tales casos de dificultad, y no en cuanto a lo sencillo y claro, precisamos los consejos de la hermenéutica para que resulte fructuoso nuestro estudio y correcta nuestra interpretación.

6. Ahora bien; supongamos que nos viene un documento, testamento o legado que vivamente nos interesa y que nos importa una gran fortuna, pero en cuyos detalles ocurren algunas palabras y expresiones de difícil comprensión ¿Cómo y de qué manera obraríamos para conseguir el verdadero significado de tal documento? Seguramente pediríamos, en primer término, explicación a su autor, si esto fuera posible.

7. Pero si prometiera iluminarnos con tal que trabajáramos, escudriñándolo nosotros mismos, lo más natural y acertado fuera, sin duda, leer y releer el documento, tomando sus palabras y frases en el sentido usual y ordinario. Y en cuanto a las

palabras obscuras buscaríamos, naturalmente, su significado y aclaración, en primer lugar, por las palabras unidas o contiguas a las obscuras, es decir, por el conjunto de la frase en que ocurren.

8. Pero si todavía quedáramos sin luz, procuraríamos la claridad por el contexto, es decir, por las frases anteriores y siguientes al punto obscuro, o sea por el hilo o tejido inmediato a la narración en que se halla.

9. Si no bastara el contexto consultaríamos todo el párrafo o pasaje, fijándonos en el objeto, intento o fin a que se encamina el pasaje.

10. Y si aún no nos resultase la claridad deseada, buscaríamos luz en otras partes del documento, por si acaso hubiese frases o párrafos semejantes, pero más explícitos, que se ocuparan del mismo asunto que la expresión obscura que causa perplejidad.

11. En resumen, y de todos modos, obraríamos de manera que fuera el documento su propio intérprete, ya que, llevándolo a tal o cual abogado, contravendríamos la voluntad del generoso autor y, al fin y al cabo, correríamos el riesgo de interesada y poco escrupulosa interpretación.

Tratándose de la interpretación de la Sagrada Escritura, del Testamento doble de Nuestro Señor, el proceder indicado, aparte de ser el más natural y sencillo, es el más acertado y seguro, como a continuación veremos.

PREGUNTAS

1. ¿Cuál fue el objeto de la inspiración de las Escrituras?

2. ¿Qué debemos esperar respecto al lenguaje bíblico siendo tal su objeto?

3. ¿En referencia a qué puntos específicos el lenguaje bíblico es muy comprensible?

4. ¿Cómo es que en las Escrituras hay puntos obscuros que requieren cuidadoso estudio y correcta interpretación?

5. ¿En qué caso necesitamos los consejos de la hermenéutica?

6. ¿Cómo procederíamos, en primer término, para aclarar un punto obscuro en cualquier legado que se extendiese a nuestro favor?

7. Si a condición de trabajo se nos ofreciera luz, ¿cómo obraríamos?

8. Si por el conjunto de la frase en que ocurre la expresión obscura no hallamos la claridad deseada, ¿qué debemos hacer?

9. Si por el contexto no conseguimos la luz, ¿qué conviene hacer?

10. Si no basta el pasaje entero, ¿qué hacer?

11. ¿Por qué será necesario proceder de modo que el documento resulte su propio intérprete?

(Véanse las lecciones anteriores).

Capítulo IV
REGLA FUNDAMENTAL

Por lo anteriormente dicho, hemos podido ver cómo es propio y lo más conveniente, que en cualquier documento de importancia que se hallan puntos obscuros se procure que él mismo sea su propio intérprete. En cuanto a la Biblia, el proceder indicado, no sólo es conveniente y muy factible sino absolutamente necesario e indispensable.

1. En cuanto sepamos, el primer intérprete de la Palabra de Dios fue el diablo, quien dio a la palabra divina un sentido que no tenía, falseando astutamente la verdad. Más tarde, el mismo enemigo, falsea el sentido de la Palabra escrita, truncándola, es decir, citando la parte que le convenía y suprimiendo la otra.

2. Los imitadores, conscientes o inconscientes, han perpetuado este procedimiento engañando a la humanidad con falsas interpretaciones de las Escrituras. Víctimas, pues, de tales engaños y de tan estupendos errores, que han dado por resultado hecatombes y cataclismos, debemos ya tener suficiente de esa interpretación particular. Y a nadie debe parecer extraño que insistamos en que la primera y fundamental regla en la recta interpretación bíblica debe ser la ya indicada, a saber: la

Escritura explicada por la Escritura, o sea: la Biblia, su propio interprete.

3. Ignorando o violando este principio sencillo y racional, se ha encontrado, como indicamos, aparente apoyo en las Escrituras para muchos y funestos errores. Fijándose en palabras o versículos arrancados de su conjunto y no permitiendo a la Escritura explicarse a sí misma, hallaron los judíos aparente apoyo en ella para rechazar a Cristo. Obrando del mismo modo hallan los papistas aparente apoyo en la Biblia para, el error del papado y de las matanzas relacionadas con el mismo, para no hablar de la Santa Inquisición y otros errores por el estilo. Obrando así hallan aparente apoyo los espiritistas para su errónea reencarnación; los comunistas, para su repartición de bienes; los incrédulos burladores para las contradicciones; los ruselistas, para sus errores blasfemos, y, finalmente, los Wilson y Roosevelt, para su militarismo. Si tuvieran la sensatez de permitir a la Biblia que se explicase a sí misma, evitarían errores funestos.

4. Gracias al abuso indicado oímos decir que con la Biblia se prueba lo que se quiere. La mala voluntad, la incredulidad, la pereza en su estudio, el apego a ideas falsas y mundanas, y la ignorancia de toda regla de interpretación, probará lo que se quiera con la Biblia; pero jamás probará la Biblia lo que quieren los hombres tan mal dispuestos. Tampoco probará ningún docto de verdad, ni creyente humilde, cualquier cosa con la Escritura.

5. Todo lo contrario, porque el discípulo humilde y docto en la Palabra, sabe que "la ley de Jehová es perfecta" y que no hay error en la Palabra, sino en el hombre. El tal sabe que no se quita y se pone, o se añade y se suprime impunemente a la Palabra, al estilo satánico, por cuanto Dios, mediante su siervo, ha hecho constar: "No añadas a sus Palabras, porque no te reprenda y seas hallado mentiroso. Y si alguien quitare del libro de esta profecía, Dios quitará su parte del libro de la vida." No, ciertamente la revelación divina, cual Ley perfecta, "inspirada divinamente para enseñar, para redargüir, para corregir, para instituir en justicia, para que el hombre de Dios sea perfecto,

enteramente instruido para toda buena obra," tal revelación, decimos, no se presta impunemente a tal abuso.

6. En vista de tales declaraciones y de éstas y otras restricciones, es evidente, a todas luces que carece absolutamente de sanción divina la interpretación particular del papismo que concede autoridad superior a la Palabra misma, a la interpretación de "los padres" de la Iglesia docente o de la infalibilidad papal, como carece asimismo de dicha sanción la idea de la interpretación individual del protestantismo. "Ninguna profecía de la Escritura es de particular interpretación," dice Pedro; y Jesús nos exhorta a escudriñar las Escrituras para hallar la verdad, y no a interpretar las Escrituras para establecer la verdad a nuestro antojo.

7. Nada de extraño tiene, pues que en los eminentes escritores de antaño hallemos dichos como éstos: Las Escrituras son su mejor intérprete. Comprenderás la Palabra de Dios, mejor que de otro modo alguno, consultando una parte con otra, comparando lo espiritual con lo espiritual (1a Cor. 2:13). Lo que equivale a usar la Escritura de tal modo, que venga a ser ella su propio intérprete.

8. Si por una parte, arrancando versículos de su conjunto y citando frases sueltas en apoyo de ideas preconcebidas, se pueden construir doctrinas llamadas bíblicas, que no son enseñanzas de las Escrituras, sino más bien "doctrinas de demonios," por otra parte, explicando la Escritura por la Escritura, usando la Biblia como propio intérprete de sí misma, no sólo se adquiere el verdadero sentido de las palabras y textos determinados, sino también la certeza de todas las doctrinas cristianas en cuanto a la fe y a la moral. Téngase muy presente que una doctrina no puede considerarse del todo bíblica antes de resumir y encerrar todo cuanto la Escritura dice de la misma. Un deber tampoco es del todo bíblico, si no abarca y resume todas las enseñanzas, prescripciones y reservas que contiene la Palabra de Dios en orden al mismo. Aquí cuadra bien la ley: "No se pronuncia sentencia antes de haber oído las partes." Pero cometen el delito de fallar antes de haber examinado las partes todos aquellos que establecen doctrinas sobre palabras o versículos

arrancados del conjunto, sin permitir a la Escritura explicarse a sí misma. Igual falta cometen los que del mismo modo proceden y hablan de contradicciones y enseñanzas inmorales.

De consiguiente, de necesidad suma es observar la referida regla de las reglas, a saber: La Biblia su propio intérprete, si no queremos incurrir en errores y atraer sobre nosotros la maldición que la misma Escritura pronuncia contra los falsificadores de la Palabra. Decimos "regla de las reglas" porque de ésta, que es fundamental, se desprenden otras varias que, como veremos, nacen naturalmente de la misma.

PREGUNTAS

1. ¿Quién fue el primer intérprete de la Palabra de Dios y cuáles sus mañas?

2. ¿Cuál debe ser la regla fundamental en la interpretación de la Biblia y por qué?

3. ¿ Qué males han resultado de no interpretar las Escrituras por sí mismas?

4. ¿Quiénes prueban lo que quieren con la Biblia?

5. ¿Por qué no se puede probar lo que se quiere con la Biblia?

6. ¿Cómo debe considerarse la interpretación particular o individual papista o protestante?

7. ¿Qué principio de interpretación recomendaban eminentes escritores de antaño?

8. ¿Qué se requiere para que sea positivamente bíblica tal o cual doctrina o declaración?

9. ¿ Qué principio fundamental debe servirnos de base en todo estudio bíblico?

Capítulo V
REGLA PRIMERA

1. Como ya hemos indicado, los escritores de las Sagradas Escrituras escribieron, naturalmente, con el objeto de hacerse comprender. Y, de consiguiente, debieron valerse de palabras conocidas y debieron usarlas en el sentido que generalmente tenían. Averiguar y determinar cuál sea este sentido usual y ordinario, debe constituir, por tanto, el primer cuidado en la interpretación o recta comprensión de las Escrituras.

2. Será preciso repetir aquí, para el mayor provecho, que en tal averiguación, además del auxilio divino, hay modos de proceder que no debe ignorar ningún lector de la Biblia, siendo siempre necesario tener en cuenta el principio fundamental que el Libro ha de ser su propio interprete, de cuyo principio se deducen otros, que llamamos reglas o pautas de interpretación.

3. De éstas dice así la primera: Es preciso, en cuanto sea posible, tomar las palabras en su sentido usual y ordinario.

4. Regla sumamente natural y sencilla, pero de la mayor importancia. Pues ignorándola o violándola, en muchas partes la Escritura no tendrá otro sentido que el que quiera conceder-

le el capricho humano. Por ejemplo, hubo quien se imaginaba que las ovejas y los bueyes que mencionaba el Salmo 8 eran los creyentes, mientras que las aves y los peces eran los incrédulos, de lo que sacaba en consecuencia que todos los hombres, quieran o no quieran, están sometidos al poder de Cristo. Si hubiera tenido en cuenta el sentido usual y ordinario de las palabras no habría caído en semejante error.

5. Pero téngase muy presente que el sentido usual y ordinario no equivale siempre al sentido literal. En otras palabras, el deber de tomar las palabras y frases en su sentido ordinario y natural, no significa que siempre deben tomarse al "pie de al letra." Como se sabe, cada idioma tiene sus modos propios y peculiares de expresión, y tan singulares, que si se traducen al pie de la letra se pierde o se destruye completamente el sentido real y verdadero. Esta circunstancia se debe, tal vez, tener más presente tratándose del lenguaje de las Escrituras que de otro libro cualquiera, por estar sumamente lleno de tales modos y expresiones propias y peculiares.

Los escritores sagrados no se dirigen a cierta casta de personas privilegiadas, sino al pueblo en general; y de consiguiente, no se valen de un lenguaje científico y seco, sino figurado y popular. A estas circunstancias débense la libertad, variedad y vigor que observamos en su lenguaje. A las mismas se debe su abundante uso de toda clase de figuras retóricas, símiles, parábolas y expresiones simbólicas. Además de lo dicho, ocurren muchas expresiones peculiares del idioma hebreo, llamadas hebraísmos. Precisa tener todo esto presente para poder determinar cuál es el verdadero sentido usual y ordinario de las palabras y frases.

Ejemplos: 1. En el Génesis 6:12, leemos: "Toda carne había corrompido su camino sobre la tierra." Tomando aquí las voces carne y camino en sentido literal, pierde el significado por completo el texto. Pero tomándola en su sentido ordinario, al usarse como figuras, es decir, carne en sentido de persona y camino en sentido de costumbres, modo de proceder o religión, ya no sólo tiene significado, sino un significado terminante, diciéndonos que toda persona había corrompido sus costumbres; la misma verdad que declara Pablo, sin figura, diciendo: "No hay quien haga lo bueno." (Rom. 3:12).

2. Pregunta Jesús: "¿Qué mujer que tiene diez dracmas (moneda de cinco duros), si pierde una dracma no enciende el candil y barre la casa y busca con diligencia hasta hallarla?" En este versículo, tomado al pie de la letra, si bien hallamos una pregunta interesante, estamos lejos de comprender la verdad que encierra. Pero sabiendo que contiene una parábola, cuyas partes principales y figurativas requieren interpretación y designan realidades correspondientes a las figuras, no vemos aquí ya meramente una pregunta interesante, sino a una mujer que representa a Cristo; un trabajo afanoso que representa un trabajo semejante que está llevando a cabo Cristo; y una moneda perdida, que representa al hombre perdido en el pecado; todo esto exponiendo e ilustrando admirablemente la misma verdad que expresa Cristo sin parábola, diciendo: "El hijo del hombre vino a buscar y a salvar lo que se había perdido." (Luc. 19:10).

3. Profetizando de Jesús, dice Zacarías (Luc. 1:69) "que Dios nos alzó un cuerno de salvación en la casa de David." Difícilmente sacamos aquí nada en claro si tomamos las palabras cuerno y casa en sentido literal. Pero sabiendo que, como símbolo y figura, ordinariamente denota el cuerno, fuerza o poder real, y casa, familia o descendencia, ya no estamos a obscuras: se nos dice que Dios levantó en Cristo un gran poder de salvación entre los descendientes de David, como también dice Pedro: "A éste (Jesús) ha ensalzado Dios .. por Príncipe y Salvador para dar a Israel arrepentimiento y remisión de pecados." (Hechos 5:31).

4. Dice Jesús (Lucas 14:26): "Si alguno viene a mí y no aborrece a su padre y madre, no puede ser mi discípulo;" lo que, tomado al pie de la letra, constituye una contradicción al precepto de amar, aún a los enemigos. Pero acordándonos del hebraísmo, por el cual se expresan a veces las comparaciones y preferencias entre dos personas o cosas, con palabras tan enérgicas como amar y aborrecer, ya no sólo desaparece la contradicción, sino que comprendemos el verdadero sentido del

texto, sentido que sin hebraísmo expresa Jesús mismo, diciendo: "El que ama padre o madre más que a mí, no es digno de mí." (Mat 10:37).

Por los ejemplos citados se puede comprender la suma necesidad de familiarizarse con las figuras y modos propios y peculiares del lenguaje bíblico. Esta familiaridad se adquiere, desde luego, por un estudio prolongado de la Escritura misma. Pero para conseguirla con mayor brevedad convendría tener un breve tratado especial.

PREGUNTAS

1. ¿Qué debe constituir el primer cuidado en la recta interpretación de las Escrituras?

2. ¿Qué principio fundamental se debe tener siempre presente en la interpretación?

3. ¿Cuál es la regla primera que se deduce de "la regla de las reglas"?

4. ¿Por qué es tan importante esta regla?

5. ¿Qué diferencia hay entre el sentido usual u ordinario y el sentido literal y por qué no se deben tomar siempre las palabras en su sentido literal?

6. ¿Por qué fue escrita la Biblia en lenguaje popular y figurado y no en lenguaje científico?

Ejemplos: ¿De qué trata el primero, el segundo, el tercero, el cuarto ejemplo?—¿Qué son hebraísmos?—¿Cómo se adquiere la familiaridad necesaria para distinguir entre lenguaje literal y figurado?

Capítulo VI
REGLA SEGUNDA

1. En el lenguaje bíblico, como en otro cualquiera, existen palabras cuyo significado varía mucho, según el sentido de la frase o argumento en que ocurren. Importa, pues, averiguar y determinar siempre cuál sea el pensamiento especial que se propone expresar el escritor, y así tomando por guía este pensamiento, se podrá determinar el sentido positivo de la palabra que ofrece dificultad.

2. Resulta, pues, tan natural como importante lo que llamamos regla segunda, y dice:

Es del todo preciso tomar las palabras en el sentido que indica el conjunto de la frase.

3. De los ejemplos que ofrecemos a continuación, se verá cómo varía, según la frase, texto o versículo, el significado de algunas palabras muy importantes, acentuando así la importancia de esta regla.

Ejemplos: 1. Fe: La palabra fe, ordinariamente, significa confianza; pero tiene también otras acepciones. Leemos de Pablo, por ejemplo: "Ahora anuncio la fe que en otro tiempo destruía." Del conjunto de esta frase vemos claramente que la fe, aquí, significa creencia, o sea la doctrina del Evangelio.

Dice el Apóstol que Dios "juzgará el mundo con justicia por aquel varón al cual determinó, dando fe a todos con haberle levantado de los muertos." Juzgando por el conjunto de este versículo, la fe, aquí, no significa confianza ni creencia, sino prueba o demostración.

"El que hace diferencia, si comiere (haciendo caer al hermano), es condenado, porque no comió con fe, y todo lo que no procede de fe es pecado." Por el conjunto del versículo, y todo considerado, hallamos que la voz ocurre aquí en el sentido de convicción; convicción del deber cristiano para con los hermanos. (Gál. 1:23; Hechos 17:31; Rom. 14:23).

2. Salud: La palabra salud se usa con frecuencia en sentido de salvación del pecado con sus consecuencias; pero, tiene, además, otros significados. Leemos, por ejemplo, que Moisés "pensaba que sus hermanos entendían que Dios les había de dar salud por su mano." Guiados por el conjunto del versículo, comprendemos que aquí ocurre la voz salud en sentido de libertad temporal.

"Ahora nos está más cerca nuestra salud que cuando creíamos;" salud, aquí equivale a la venida de Cristo.

"¿Cómo escaparemos nosotros si tuviéramos en poco una salud tan grande?" Considerando el todo, salud quiere decir, aquí toda la revelación del Evangelio. (Hech. 7:25; Rom. 13:11; Heb. 2:3).

3. Gracia: El significado ordinario de la palabra gracia, es favor; pero se usa también en otros sentidos. Leemos, por ejemplo: "Por gracia sois salvos por la fe; y esto no de vosotros, pues es don de Dios," etc. Por el conjunto de este versículo se ve claramente que gracia significa la pura misericordia y bondad de Dios manifestadas a los creyentes sin mérito ninguno de parte de ellos.

"El Señor daba testimonio a la palabra de su gracia," es decir, a la predicación del Evangelio.

"Esperad perfectamente en la gracia que os es presentada cuando Jesucristo os es manifestado." El conjunto nos dice aquí que la gracia equivale a la bienaventuranza que traerá en su venida.

"La gracia de Dios... se manifestó enseñándonos," etcétera. La gracia, aquí se usa en sentido de la enseñanza del Evangelio.

"Buena cosa es afirmar el corazón en la gracia y no en viandas." Considerando todo el conjunto, gracia, en este texto, equivale a las doctrinas del Evangelio, en oposición a las que tratan de viandas relacionadas con las practicas judaicas. (Efe. 2:8; Hechos 14:3; 1ª Pedro 1:13; Tito 2:11; Heb. 13 9).

4. Carne: Leemos: "Por las obras de la ley ninguna carne se justificará delante de Dios." El conjunto de esta frase indica que la palabra carne, aquí significa persona.

"Daros un corazón de carne;" es decir, una disposición tierna y dócil.

"Vivimos en otro tiempo en los deseos de nuestra carne:" es decir, en los deseos sensuales.

"Dios ha sido manifestado en carne;" a saber, en forma humana.

"¿Habiendo comenzado por el Espíritu, ahora os perfeccionáis por la carne?" es decir, por observar ceremonias judaicas, como la circuncisión, que se hace en la carne. (Rom. 3:20; Ezequiel 36:26; Efe. 2:3; 1a Tim. 3:16; Gál. 3:3).

5. Sangre: Hablando de crucificar a Cristo, dicen los judíos: "Su sangre sea sobre nosotros y sobre nuestros hijos." Guiados por nuestra regla, vemos que sangre, aquí, ocurre en sentido de culpa y sus consecuencias por matar al inocente.

"De una sangre ha hecho (Dios) todo el linaje de los hombres;" es decir, de un solo hombre, Adam.

"Tenemos redención por su sangre." "Justificados en su sangre, por él seremos salvos de la ira." El conjunto de estas frases hace evidente que la palabra sangre equivale a la muerte expiatoria de Cristo en la cruz. (Mat. 27:25; Hech. 17:26; Efe. 1:17; Rom. 5:9).

4. Como fácilmente se comprende, tiene importancia especial esta regla cuando se trata de determinar si las palabras deben tomarse en sentido literal o figurado. Para no incurrir en errores, es de gran importancia, en este caso también, dejarse guiar por el pensamiento del escritor y tomar las palabras en el

sentido que indica el conjunto del versículo.

Ejemplos: 1. "Tomó Jesús el pan, y bendijo y lo partió y dio a sus discípulos, y dijo: Tomad, comed; esto es mi **cuerpo.**" Guiados por el conjunto de este versículo, resulta evidente que la palabra cuerpo, aquí no se usa en sentido literal, sino figurado; por cuanto Jesús partió pan y no su propio cuerpo, y por cuanto él mismo, santo y entero, les dio el pan, y no parte de su carne material. Usa, pues, Jesús, la palabra en sentido simbólico, dándoles a comprender que el pan **representa** su cuerpo.

2. Dice Cristo a Pedro: "A ti te daré las **llaves** del reino de los cielos." Por el conjunto de esta frase vemos claramente que la voz llaves no se usa en sentido literal o material, puesto que el reino de los cielos no es un lugar terrenal en donde se penetra mediante llaves materiales. Débese, pues, tomar en sentido figurado, simbolizando las llaves, **autoridad;** la autoridad de atar y desatar o remitir y retener pecados, que en otra ocasión dio también a los demás discípulos (Mat 2 :19; 18:18; Juan 20:23).

Podríanse multiplicar ejemplos como éstos, pero bastan los referidos para darnos una idea del uso de esta regla y de la gran necesidad de leer con atención las Escrituras.

PREGUNTAS

1. Si las palabras no se usan siempre en un mismo sentido, ¿cómo sabremos en cada caso cuál sea su significado verdadero?

2. ¿Cómo reza la regla que precisa observar en el caso de las palabras cuyo sentido varía?

3. a. ¿Cómo varía, por ejemplo, el significado de la palabra fe?

....

b. ¿Cómo varía el significado de la voz salud?

....

c. ¿En qué sentidos se usa la palabra gracia?

....

d. ¿Cuáles son los diferentes significados de la voz carne?

....

e. ¿Cómo varía el significado de la voz sangre?

....

4. a. ¿Cuándo tiene importancia especial esta regla?

....

b. ¿Por qué no se puede tomar en sentido literal la palabra cuerpo en Mateo 26:26?

....

c. ¿Por qué se debe comprender en sentido figurado la palabra llaves en Mateo 16:19?

....

Capítulo VII
REGLA TERCERA

1. La tercera dice: Es necesario tomar las palabras en el sentido que indica el contexto, a saber; los versículos que preceden y siguen al texto que se estudia.

2. Sucede a veces que basta el conjunto de una frase para determinar cuál es el verdadero significado de ciertas palabras. Por tanto, y en tal caso, debemos empezar más arriba la lectura y continuarla más abajo, para tener en cuenta lo que precede y sigue a la expresión obscura, y procediendo así se hallara claridad en el contexto por diferentes circunstancias.

Ejemplos: 1. En el contexto hallamos expresiones, versículos o ejemplos que nos aclaran y precisan el significado de la palabra obscura. Al decir Pablo: "Podéis entender cuál sea mi inteligencia en el misterio de Cristo," quedamos algún tanto indecisos respecto al verdadero significado de la palabra misterio. Pero, por los versículos anteriores y los que siguen al citado, encontramos que la palabra misterio se aplica aquí a la participación de los gentiles en los beneficios del Evangelio. Hállase la misma palabra en sentido diferente en otros pasajes, siendo necesario en cada caso el contexto para determinar el significado exacto.

"Cuando éramos niños éramos siervos bajo los rudimentos del mundo." ¿Qué son los rudimentos del mundo? En lo que sigue a la palabra se nos explica que son prácticas de costumbres judaicas.

También esta voz se usa en otro sentido, determinando el contexto su recta interpretación. (Heb 11; Efe. 3:4, 5; Gál. 4:3, 9-11).

2. Hállase a veces aclarada una palabra obscura en el contexto por el empleo de una palabra que tiene casi la misma significación, o bien por una palabra opuesta y contraria a la obscura. Así que, por ejemplo, la palabra "contrato hecho con Abraham" (Gál. 3:17), se explica por la voz promesa en el mismo versículo. Asimismo, hallan su explicación las palabras difíciles, "arraigados y sobreedificados" en Cristo, por la expresión confirmados en la fe unida e inmediata a las mismas.

"La paga del pecado es muerte," dice el Apóstol. El sentido profundo de esta expresión hace resaltar de un modo vivo la expresión opuesta que la sigue: "mas la dádiva de Dios es vida eterna." Otro tanto sucede tratándose de la fe, cuando Juan dice: "El que cree en el Hijo tiene vida eterna," pintando a, lo vivo la importancia de la palabra creer por la expresión opuesta: mas el que es incrédulo (desobediente) al Hijo no verá la vida, sino que la ira de Dios está sobre él." (Col. 2:7; Rom. 6:23; Juan 3:36).

3. A veces, una palabra que expresa una idea general y absoluta, débese tomar en un sentido restrictivo, según determine alguna circunstancia especial del contexto, o bien el conjunto de las declaraciones de las Escrituras en asuntos de doctrina. Cuando David, por ejemplo, exclama: "Júzgame, ¡oh Jehová!, conforme a mi justicia y conforme a mi integridad," el contexto nos hace comprender que David sólo protesta su justicia y rectitud en cuanto a las calumnias que contra él levantaba Cus, el benjamita.

Tratándose del mayordomo tramposo, se nos ofrece su conducta cual ejemplo de imitación; pero por el contexto vemos limitado el ejemplo a la prudencia del mayordomo, con exclusión completa de sus prácticas deshonestas.

Hablando Jesús del ciego de nacimiento, dice; "Ni éste pecó, ni sus padres," con lo que de ningún modo afirma Jesús que hubiese pecado; pues existe en el contexto una circunstancia que limita el sentido de la frase a que no habían pecado para que tuviera la ceguera como consiguiente castigo, según erróneamente pensaban los discípulos.

Al ordenar Santiago, en el cap. 5:14, que el enfermo "llame a los ancianos de la iglesia y oren por él, ungiéndole con aceite," hallamos por el contexto que se trata de la sanidad del cuerpo y no de la salud del alma, como pretenden los romanistas que, dejando a un lado el contexto, como de costumbre, se imaginan encontrar apoyo aquí para la extremaunción (Salmo 7:8; Lucas 16:1-13; Juan 9:3; Sant. 5:14,16).

Advertencias.—Tratándose del contexto, es preciso advertir que a veces se rompe el hilo del argumento o narración por un paréntesis más o menos largo, después del cual se vuelve a reanudar. Si es corto el paréntesis, no ofrece dificultad; pero si es largo, como sucede a menudo en las epístolas de Pablo, requiere particular atención.

En Efes. 3, por ejemplo, hallamos un paréntesis que llega desde el ver. 2 hasta el último, reanudándose el hilo en el primer versículo del cap. 4. Véanse otros en Filip. 1:27, hasta 2:16; Rom. 2:13 hasta 16; Efes. 2:14, hasta 18, etc., y nótese que la palabra porque, aquí en lugar de introducir, como de costumbre, una razón determinada del porqué de alguna cosa, sirve para introducir un paréntesis.

Por otra parte, precisa recordar que los originales de las Escrituras no tienen la división de capítulos y versículos; así es que el contexto no se halla siempre dentro de los límites del capítulo que meditamos ni tampoco acaba siempre el hilo de un argumento o de una narración con el fin de capítulo. Es necesario tener esto muy presente.

4. Por último, no se olvide que, a veces, tan sólo por el contexto se puede determinar si una expresión se debe tomar al pie de la letra o en sentido figurado.

Llamando Jesús al vino sangre del nuevo pacto, comprendemos por el contexto que la palabra **sangre**, debe tomarse en sentido figurado desde el momento, que Jesús, en dicho contexto, vuelve a llamar al vino **fruto de la vid**, con todo y haberlo bendecido. De lo que vemos, además, que no viene de Jesús la enseñanza de la transformación del vino en sangre verdadera de Cristo, como pretenden los que hacen caso omiso del contexto, torciendo las Escrituras para su perdición. (Mat. 26:27, 29).

Habiendo dicho Jesús: "El que come mi carne y bebe mi sangre tiene vida eterna" y "mi carne es verdadera comida y mi sangre verdadera bebida," etc., quedaron asombrados los discípulos y principiaron a murmurar; de cuya circunstancia debemos esperar en el contexto alguna explicación de si se deben tomar en sentido material o espiritual estas declaraciones. Efectivamente, leemos: "El Espíritu (el sentido espiritual de lo dicho) es el que da vida; la carne (el sentido carnal) nada aprovecha." **Comer la carne y beber la sangre** equivale, pues, a apropiarse por la fe el **sacrificio de Cristo** en la cruz, de lo que, como se sabe, resulta la vida eterna del creyente (Juan 6:48-63).

Hablando Pablo de edificar, "los coadjutores de Dios, con oro, plata, piedras preciosas, madera, heno, hojarasca," vemos, por el contexto, que habla de Cristo mismo cual fundamento del edificio, y que deben tomarse estas palabras en sentido espiritual, representando, sin duda, doctrinas legítimas e ilegítimas con sus consecuencias.

La expresión: "Se salvará, mas como por fuego," explícase asimismo por el contexto, el cual nos enseña que no se trata aquí de salvar a una alma cualquiera, sino a siervos de Dios, y que no es fuego que se ceba en sus personas, sino en su infortunada fabricación de material, cual heno y hojarasca; además, que no es un fuego purificador, sino destructor, a saber; el fuego del escrutinio riguroso en el día de la manifestación de Cristo, estos "coadjutores de Dios" se salvarán, pues, en el sentido de un arquitecto que, en la catástrofe de la quema del edificio que está levantando, pudo escapar, sí, pero perdiéndolo todo, excepto la vida; lo que implica la misma expresión, diciendo: "Se salvará," no mediante la permanencia en el fuego, sino "como por fuego." Sólo los ciegos al contexto pueden soñar con el purgatorio en este pasaje. (1a Cor. 3:5-15).

Diciendo Pablo que la unión entre Cristo y la Iglesia es tan íntima, que somos miembros de su cuerpo, de su carne y de sus huesos, y que debe reinar unión tan estrecha como entre marido y esposa, continúa: **"Este misterio grande es."** ¿Qué misterio? El contexto lo explica diciendo a renglón seguido: "Mas yo digo esto con respecto a Cristo y a la Iglesia." La unión íntima entre Cristo y su Iglesia es, pues, el misterio, y no la unión entre marido y mujer, que, por cierto, no es ningún misterio. Pero los romanistas, no sólo dan al traste con el contexto, sino que traducen la expresión así: "Este sacramento es grande," añadiendo en nota explicativa que "¡la unión del marido con la mujer es un grande sacramento!" De este modo, traduciendo mal e interpretando peor, hallan aquí fundamento para lo que llaman "el sacramento del matrimonio."

Con lo dicho basta para comprender la necesidad de tener en cuenta el contexto para decidir si determinadas expresiones deben tomarse al pie de la letra o en sentido figurado.

PREGUNTAS

1. ¿Cuál es la regla tercera?
2. ¿Qué se entiende por contexto?
3. ¿Para qué y de cuántas maneras resulta útil el contexto? ¿Qué hay en el contexto que aclara expresiones obscuras? Refiéranse ejemplos.
4. ¿Qué ejemplos tenemos de la aclaración de palabras obscuras por palabras semejantes u opuestas a la obscura?
5. ¿Cómo nos ayuda el contexto en ciertas expresiones de ideas absolutas? Cítense ejemplos.
6. ¿Qué debemos tener presente en orden al contexto y a los paréntesis?
7. ¿De qué sirve el contexto en orden a las expresiones literales o figuradas? Refiéranse ejemplos.

Advertimos de nuevo que para provecho positivo es preciso estudiar las lecciones hasta el punto de que se pueden escribir las contestaciones a las preguntas sin el texto a la vista.

Capítulo VIII
REGLA CUARTA

L a cuarta regla de interpretación dice: 1. Es preciso tomar en consideración el objeto o designio del libro o pasaje en que ocurren las palabras o expresiones obscuras. Esta regla, como se ve, no es más que la ampliación de las anteriores en caso de no ofrecer suficiente luz, ni el conjunto de la frase ni el contexto, para remover la dificultad y disipar toda duda.

2. El objeto o designio de un libro o pasaje se adquiere sobre todo leyéndolo y estudiándolo con atención y repetidas veces, teniendo en cuenta con qué ocasión y a qué personas originalmente se escribió. En otros casos consta el designio en el libro o pasaje mismo, como, por ejemplo, el de toda la Biblia, en Rom. 15:4; 2a Tim. 3:16, 17; el de los Evangelios, en Juan 20:31; el de 2a Pedro en el cap. 3:2, y el de Proverbios en el capítulo 1:1, 4.

3. El designio alcanzado por el estudio diligente nos ofrece auxilio admirable para la explicación de puntos obscuros, para la aclaración de textos al parecer contradictorios y para conseguir un conocimiento más profundo de pasajes en sí claros.

4. **Ejemplos:** 1o Es evidente que las cartas a los Gálatas y a los Colosenses fueron escritas con ocasión de los errores que, con gran daño, procuraban implantar en las iglesias apostólicas los judaizantes o "falsos maestros." De consiguiente, tienen por designio estas cartas el exponer con toda claridad la salvación por la muerte expiatoria de Cristo, contrario a las enseñanzas de los judaizantes, que predicaban las obras, la observancia de días y ceremonias judaicas, la disciplina del cuerpo y la falsa filosofía. A cada paso hablaremos luz en el estudio de estas cartas para la mejor comprensión aún de pasajes en sí claros, si tenemos este designio siempre presente. Leeremos asimismo con más inteligencia, por ejemplo, los Salmos 3,18, 34 y 51, teniendo en cuenta con qué ocasión se escribieron, cosa que consta en su encabezamiento respectivo. Otro tanto decimos de los Salmos 120 hasta 134, intitulados: Cántico gradual, si tenemos presente que fueron escritos para cantarse por los judíos en sus viajes anuales a Jerusalén.

5. 2o He aquí la luz que ofrece el designio para la explicación de un punto obscuro, designio adquirido teniendo en cuenta la condición de una persona a la cual se dirige Jesús. Al preguntarle un príncipe, cegado de justicia propia, qué bien debe hacer para obtener la vida eterna (Mat. 19: 6; Luc. 18:18) y Jesús le contesta: "Guarda los mandamientos," ¿le querrá enseñar con esta respuesta que el medio de la salvación es la observancia de los mandamientos del Decálogo? Seguro que no, desde el momento que Jesús mismo y las Escrituras en todas partes enseñan que la vida eterna se adquiere únicamente por la fe en el Salvador. ¿Cómo explicar, pues, que Jesús le diera tal respuesta? Todo resulta claro y desaparece toda duda, si tenemos en cuenta con qué designio Jesús le habla. Pues, evidentemente, su objeto fue valerse de la misma ley y del mandamiento nuevo de "vender todo" lo que tenía para sacar al pobre ciego de su ilusión y llevarle al conocimiento de sus faltas a la ley divina y a la consiguiente humillación, lo que también consiguió, haciéndole ver que sólo era un pobre idólatra de sus riquezas, que ni el primer mandamiento de la ley había cumplido. El designio de Jesús, en este caso, fue el de

usar la ley cual "ayo," como dice el Apóstol, para conducir al pecador a la verdadera fuente de salud, pero no como medida de salvación, y he aquí por qué le remite a los mandamientos.

6. 3o Veamos cómo, teniendo en consideración el designio, desaparecen las contradicciones aparentes. Cuando dice Pablo que el hombre se justifica (se declara sin culpa) por la fe sin las obras, mientras afirma Santiago que el hombre se justifica por las obras y no solamente por la fe, desaparece la contradicción aparente desde el momento que tomemos en consideración el designio diferente que llevan las cartas del uno y del otro. (Rom. 3:28; Sant. 2:24). Pablo combate y refuta el error de los que confiaban en las obras de la ley mosaica como medio de la justificación rechazando la fe en Cristo; Santiago combate el error de unos desordenados que se contentaban con una fe imaginaria, descuidando o rechazando las buenas obras. De aquí que Pablo trata de la justificación personal delante de Dios, mientras que Santiago se ocupa de la justificación por las obras delante de los hombres. El ser justificado (declarado sin culpa) el hombre criminal a la vista de Dios, se realiza tan sólo mediante la fe en el sacrificio de Cristo por el pecado y sin las obras de la ley; pero el ser justificado (declarado sin culpa) a la vista del mundo, o de la Iglesia, se realiza mediante obras palpables y "no solamente por la fe" que es invisible. "Muéstrame tu fe por tus obras," tal es el tenor y exigencia de la carta de Santiago: tal la exigencia también de las cartas de Pablo. "Vemos, pues, que nuestras personas se justifican delante de Dios mediante la fe pero nuestra fe se justifica delante de los hombres mediante las obras." De lo que comprendemos que concuerdan perfectamente las doctrinas de los dos apóstoles.

7. Leemos en 1a Juan 3:9: "Cualquiera que es nacido de Dios, no hace pecado... y no puede pecar." ¿Querrá decir aquí el Apóstol que el cristiano es absolutamente incapaz de cometer una falta? No, porque el mismo objeto de su carta es el prevenir que pequen, con lo que está admitida la posibilidad de poder faltar. ¿Cómo, pues, comprender la afirmación de que los nacidos de Dios no pueden pecar? En este caso también nos proporciona luz la consideración detenida del designio de la

carta. Por las Escrituras vemos que hacia fines del siglo apostólico existían ciertos pretendidos cristianos engañados que se creían poder practicar toda clase de excesos carnales, sin respetar ley ninguna. Uno de los designios de la carta es, evidentemente, el prevenir a los hijos de Dios contra tan malas creencias. Manifiesta Juan que, contrario a esos "hijos del diablo" que por naturaleza hacen pecado, los "hijos de Dios" no hacen pecado. Cada uno se ocupa en las obras de su padre: los hijos de Dios se ocupan en manifestar su amor a Dios guardando sus mandamientos (c. 5:2); los hijos del diablo se ocupan en imitar a su padre, quien está pecando desde el principio. Los unos practican el pecado, los otros no lo practican desde el momento que nacieron de Dios. Oponiéndose a esos disolutos, hijos del diablo, que se creían poder pecar y naturalmente con gusto pecaban, afirma Juan que los nacidos de Dios, por el contrario, teniendo repugnancia y odio al pecado, no pueden pecar; es decir, no pueden practicar el pecado, o continuar pecando, como indica el texto original. Por la razón de haber nacido de Dios, y aspirando, como aspiran a la perfección moral completa, es contra su nueva naturaleza practicar el pecado: no pueden continuar pecando; lo que por supuesto no impide que sean exhortados a guardarse del mal desde el momento que no están fuera de la posibilidad de pecar.

8. Otro caso de contradicción aparente, que también aclara el designio de los escritos correspondientes, hallamos en las cartas de Pablo. En la que dirige a los Gálatas (4:10,11), se opone a la observancia de los días de fiestas judaicas, y en la dirigida a los Romanos (14:5, 6) no hace una oposición definitiva a tal observancia. ¿Cómo explicar esta diferencia? Sencillamente, porque el objeto general de la Carta a los Gálatas era de contrarrestar las doctrinas de los falsos maestros que habían desviado a los Gálatas. Estos les habían enseñado que para la salvación, además de cierta fe en el cristianismo, era preciso guardar las prácticas judaicas del Antiguo Testamento, con lo que en realidad atacan el fundamento de la justificación por la fe, haciendo nulo el sacrificio de Jesucristo en la cruz. Del grave peligro en que habían ido a parar, se queja con amargu-

ra el Apóstol, y nada hay de extraño en que se opusiera con firmeza a esas observancias judaicas que obscurecían al glorioso Salvador y amenazaban arruinar el trabajo apostólico entre ellos. Muy diferente es el caso que trata el Apóstol en su Carta a los Romanos (Rom. 15:1-13). El pasaje en que ocurre, lleva por objeto establecer la paz perturbada entre un grupo de hermanos flacos convertidos del judaísmo que criticaban a los creyentes más firmes, quienes a su vez menospreciaban a los flacos. Estos hermanos débiles que se habían impuesto a no comer carne ni beber vino y que guardaban las fiestas judaicas, no se hallaban en el grave peligro de los gálatas. Así que el Apóstol, como de paso, menciona que unos consideran todos los días iguales, mientras que otros observan cierto día con preferencia a otro, afirmando que éstos lo hacen así para el Señor, sin oponerse directa y definitivamente a ello. Pero considerando el repetido encargo, que acto seguido les dirige, de estar "asegurados en su ánimo," es decir, de someter a examen serio la cosa hasta no caberles la menor duda respecto al recto proceder que ambas partes en los asuntos divergentes debían observar, y considerando además que su deseo y designio era que los opuestos llegasen a un mismo parecer (15:5, 6) para que cesaran las discordias y se restableciera la paz, resulta evidente que el Apóstol induce a los flacos a avanzar en su criterio hasta el punto de abandonar la observancia de las fiestas judaicas. Aún aquí, pues, si bien indirectamente, el Apóstol se pronuncia en contra de esa costumbre antigua destinada a desaparecer, como toda cosa vieja que ha cumplido su misión. Así es como, en vista de los diferentes designios de los dos escritos referidos, hallamos completa armonía donde a primera vista parece haber divergencia.

Pudiéranse citar otros ejemplos de la misma naturaleza, pero creemos suficientes los ya referidos para evidenciar la importancia suma de consultar, en caso de necesidad, el designio de los libros o pasajes para conseguir la recta comprensión de las expresiones obscuras y aún de las que en sí son claras.

PREGUNTAS

1. ¿Cuál es la regla cuarta que conviene tener presente en la interpretación de los pasajes obscuros?

2. ¿Cómo se consigue el designio u objeto de un libro o pasaje? ¿Cuál es el designio de la Biblia, de los Evangelios y de los Proverbios?

3. ¿Qué auxilio nos ofrece el designio de un libro o un pasaje en la interpretación?

4. ¿Con qué motivo y consiguiente designio se escribieron las cartas a los Gálatas y a los Colosenses?

5. ¿Cómo explicar, por el designio, las palabras: "Guarda los mandamientos," que parecen contradecir la doctrina de la salvación por la fe?

6. ¿Cómo se armonizan los textos de Pablo y Santiago, diciendo el uno: "Concluimos ser el hombre justificado por la fe sin las obras de la ley," y el otro: "El hombre es justificado por las obras y no solamente por la fe"?

7. ¿Cómo se explica satisfactoriamente la afirmación de Juan que el cristiano "no puede pecar"?

8. ¿Cómo se armonizan los pasajes respecto a guardar las fiestas en Gálatas 4:10, 11 y Rom. 14:5, 6?

Capítulo IX
REGLA QUINTA
(Primera parte)

Es necesario consultar los pasajes paralelos, "explicando cosas espirituales por las espirituales." (1a Cor. 2:13, original).

1. Con pasajes paralelos entendemos aquí los que hacen referencia el uno al otro, que tienen entre sí alguna relación, o tratan de un modo u otro de un mismo asunto.

2. No sólo es preciso apelar a tales paralelos para aclarar determinados pasajes obscuros, sino al tratarse de adquirir conocimientos bíblicos exactos en cuanto a doctrinas y prácticas cristianas. Porque, como ya hemos indicado, una doctrina que pretende ser bíblica, no puede considerarse del todo como tal, sin resumir y expresar con fidelidad todo lo que establece y exceptúa la Biblia en sus diferentes partes en orden al particular. Si siempre se hubiera tenido esto presente, no cundirían hoy tantos errores con la pretensión de ser doctrinas bíblicas.

3. En este estudio importante conviene observar que hay paralelos de palabras, paralelos de ideas y paralelos de enseñanzas generales.

1. **Paralelos de palabras.** En cuanto a estos paralelos, cuando el conjunto de la frase o el contexto no bastan para explicar

una palabra dudosa, se procura a veces adquirir su verdadero significado consultando otros textos en que ocurre; y otras veces, tratándose de nombres propios, se apela al mismo proceder para hacer resaltar hechos y verdades que de otro modo perderían su importancia y significado.

Ejemplos: 1° En Gálatas 6:17, dice Pablo: "Traigo en mi cuerpo las marcas del Señor Jesús." ¿Qué eran esas marcas? Ni el conjunto de la frase, ni el contexto nos lo explica. Acudamos, pues, a los pasajes paralelos. En 2ª Cor. 4:10, hallamos, en primer lugar, que Pablo usa la expresión de llevar la muerte de Jesús en el cuerpo, hablando de la cruel persecución que continuamente padecía Cristo, lo que nos indica que esas marcas se relacionan con las persecuciones que sufría. Pero más luz alcanzamos por 2ª Cor. 11:23, 25, donde afirma el Apóstol que había sido azotado cinco veces (con disciplinas de cuero) y tres veces con varas; suplicios tan crueles que, si no dejaban muerto al paciente, causaban marcas en el cuerpo que duraban por toda la vida. Consultando así los paralelos aprendemos, pues, que las marcas que traía Pablo en el cuerpo, no eran llagas o señales de la cruz milagrosa o artificialmente producidas, como pretenden algunos, sino marcas o señales de los suplicios sufridos por el Evangelio de Cristo.

2° En la carta a los Gálatas 3:27, dice el Apóstol que los bautizados están "vestidos de Cristo."

¿En qué consiste estar vestido de Cristo? Por los pasajes paralelos en Rom. 13:13, 14 y Col. 3:12-14, lo sacamos en claro. El estar vestido de Cristo, por una parte consiste en haber dejado las practicas carnales como las lujurias, disoluciones, pendencias y envidias; y por otra parte en haber adoptado, como vestido decoroso, las prácticas de una vida nueva, como la misericordia, la benignidad, humildad, mansedumbre, tolerancia y sobre todo el amor cuyos hechos simbolizaban los cristianos primitivos en su bautismo, dejándose sepultar y levantar en señal de haber muerto a estas prácticas mundanas y de haber resucitado a esa vida nueva, con sus correspondientes practicas nuevas. Así es como consultando los paralelos, aprendemos que el estar vestido de Cristo no consiste en haber adoptado tal o cual túnica o vestido "sagrado," sino en adornos espirituales o morales propios del cristianismo sencillo, santo y puro (1ª Pedro 3:3-6).

3º Según Hechos 13:22, David fue un "varón conforme al corazón de Dios." ¿Querrá la Escritura con esta expresión presentarnos a David como modelo de perfección? No; porque no calla sus muchas y graves faltas, ni sus correspondientes castigos. ¿Cómo y en qué sentido, pues, fue varón coniforme al corazón de Dios? Busquemos los paralelos. En 1ª Samuel 2:35, dice Dios: "Me suscitaré un sacerdote fiel que haga conforme a mi corazón;" de lo que resulta, tomando todo el pasaje en consideración, que David, especialmente en su calidad de sacerdote-rey, obraría según el corazón o voluntad de Dios. Esta idea se halla plenamente confirmada en el pasaje paralelo del cap. 13: vers. 14, adonde además encontramos que era en vista del rebelde Saúl, y contrario a su conducta malvada como rey, que David sería varón conforme al corazón de Dios.

Si bien David, pues, como vemos por la historia y por sus Salmos, ordinariamente fue varón piadoso, en muchos casos digno de imitación, no nos autorizan de ningún modo los paralelos de nuestro pasaje a considerarle como modelo de perfección, siendo su significado primitivo, como hemos visto, que David, en su calidad oficial, contrario al rebelde rey Saúl, sería varón que obraría conforme al corazón o voluntad de Dios.

4º Un ejemplo de la utilidad de consultar los paralelos en orden a los nombres propios, lo tenemos en el relato de Balaam, que se nos presenta en Números capítulos 22 y 24, dejándonos en duda en cuanto al verdadero carácter y de su persona. ¿Fue realmente un profeta? Y en tal caso, ¿cuál fue la causa de su caída? Consultando los paralelos del Nuevo Testamento, hallamos por 2ª Pedro 2:15, 16 y Judas 11, que fue un pretendido profeta que obraba llevado por la pasión de la codicia, y por Apocalipsis 2:14, que a sus instigaciones Balac hizo caer a los israelitas en un pecado tan grande que les costó la destrucción de 23,000 personas.

5º Conviene observar también que por este estudio de paralelos se aclaran contradicciones aparentes. Según 1ª

Crónicas 21:11, por ejemplo, ofrece Gad a David, de parte de Dios, el castigo de tres años de hambre, y según 2ª Samuel 24:13, le pregunta Gad si quiere siete años de hambre. ¿Cómo puede preguntarle si quiere siete y al mismo tiempo ofrecerle tres? Sencillamente porque por el paralelo de 2ª Samuel 21:1, comprendemos que en la pregunta toma Gad en cuenta los tres años de hambre ya pasados, con el que están pasando, mientras que en el ofrecimiento de los tres años, sólo se refiere al porvenir.

6º **Atención**. Al consultarse esta clase de paralelos conviene proceder como sigue: primeramente buscar el paralelo, o sea la aclaración de la palabra obscura en el mismo libro o autor en que se halla, luego en los demás libros de la misma época y, finalmente, en cualquier libro de las Escrituras. Esto es preciso porque, a veces, varía el sentido de una palabra, ya según el autor que la usa, según la época en que se emplea, y aún, como ya hemos indicado, según el texto en que ocurre en un mismo libro

Ejemplos: 1º Un ejemplo de como diferentes autores emplean una misma palabra en sentido diferente, lo hallamos en las cartas de Pablo y de Santiago. La palabra **obras**, cuando ocurre sola, en las cartas a los Romanos y a los Gálatas significa lo **opuesto a la fe**, a saber: las prácticas de la ley antigua cual fundamento de la salvación. En la carta de Santiago, al contrario, se usa la misma palabra siempre en sentido de la **obediencia y santidad** que produce la verdadera fe en Jesús. En este caso, y en casos parecidos, no se aclara pues, la una palabra a la otra; de cuya circunstancia comprendemos la necesidad de buscar paralelos con preferencia en el mismo libro o en los libros del autor que se estudia. Notemos, sin embargo, que un mismo autor emplea, a veces, una palabra en sentido diferente, en cuyo caso tampoco una expresión explica la otra. Leemos en Hechos 9:7, que los compañeros de Saulo, en el camino de Damasco, "oyeron la voz del Señor," y en el cap. 22:9 del mismo libro, que "no oyeron la voz." Es el caso que entre los griegos como entre nosotros, la palabra oír se usaba en sentido de entender. Oyeron, pues, la

voz y **no** la oyeron, es decir oyeron el ruido, pero no entendieron las palabras. Del mismo modo distinguimos entre ver y
ver, como lo hacían los hebreos, usando la palabra en sentido
diferente; así, leemos en Génesis 48:8,10, que Israel "vio" los
hijos de José, y, acto seguido, que "estaban tan agravados de
vejez sus ojos que no podía ver." Es decir, los vio confusamen-
te, pero no les podía ver con claridad, siendo necesario para ello
ponérselos cerca, como también dice el contexto. Búsquense,
pues, los paralelos, con preferencia y en primer lugar en un
mismo autor, pero no se espere, ni en tal caso, que sirvan siempre de paralelos todas las expresiones iguales.

2º Prueba de cómo puede variar el significado de una palabra según la época en que se emplea, la tenemos en la palabra
arrepentirse. En el Nuevo Testamento se usa constantemente
en el sentido de cambiar de mente el pecador, es decir, en el
sentido de cambiar de opinión, de convicción íntima, de sentimiento; mientras que en el Antiguo Testamento tiene significados tan diferentes que únicamente el contexto, en cada caso,
los puede aclarar. Tanto es así, que en el Antiguo se dice de
Dios mismo que se arrepintió, expresión que nunca emplean
los escritores del Nuevo al hablar de Dios, excepto en el caso de
citar el Antiguo Testamento; de lo que resulta evidente que al
decir que Dios se arrepiente, no debemos de ningún modo
tomarlo en el mismo sentido que nosotros hoy comprendemos
el arrepentimiento de un hombre. Débense, pues, buscar los
paralelos, en segundo lugar, en los escritos que datan de una
misma época con preferencia a los que se pudieran hallar en
otras partes de las Escrituras.

PREGUNTAS

1. ¿Cuál es la regla quinta y qué se entiende por paralelos?
2. ¿Por qué se deben consultar los paralelos?
3. ¿Qué clases de paralelos hay?
4. ¿Qué se entiende por paralelos de palabras?
5. ¿Cómo se explica la palabra marcas en Gál. 6:17?

6. ¿Por qué no significa vestidos en Gál 8: 27, estar cubierto de túnica bautismal?

7. ¿Cómo se saca el sentido verdadero de la expresión de que David fue "varón conforme al corazón de Dios"?

8. ¿Para qué sirven los paralelos en el caso de nombres propios?

9. ¿Cómo se aclaran las contradicciones aparentes por los paralelos?

10. ¿Cómo se debe proceder al consultar los paralelos de palabras?

11. ¿Qué ejemplos se pueden ofrecer que demuestren la necesidad de buscar paralelos en un mismo autor y de una misma época?

Capítulo X

REGLA QUINTA
(Segunda parte)

2. Paralelos de ideas. 1. Para conseguir idea completa y exacta de lo que enseña la Escritura en tal o cual texto determinado, tal vez obscuro o discutido, se consultan no ya sólo las palabras paralelas, sino las enseñanzas, las narraciones y hechos contenidos en textos o pasajes aclaratorios que se relacionan con dicho texto obscuro o discutido. Tales textos o pasajes llámanse **paralelos de ideas.**

Ejemplos: 1º Al instituir la Cena dio Jesús el vaso a sus discípulos, diciendo: "Bebed de él todos."

¿Significa esto que sólo los ministros de la religión deben participar del vino en la Cena con exclusión de la congregación? ¿Qué idea nos proporciona los paralelos?

En 1ª Corintios 11:22-29, nada menos que seis versículos consecutivos, nos presentan el "comer del pan y beber del vino" como hechos inseparables en la Cena, encargándolos a todos los miembros de la iglesia sin distinción. Invención humana destituida de fundamento bíblico es, pues, el participar unos del pan y otros del vino en la comunión.

2º Al decir Jesús: "Sobre esta roca edificaré mi iglesia,"

¿constituye a Pedro fundamento de la misma, estableciendo el primado de Pedro y de los papas, como pretenden los papistas? Nótese primero que Cristo no dice: "Sobre ti, Pedro", ni "sobre esta piedra edificaré mi iglesia," sino que dice: "Sobre esta roca." Pero, ¿sobre qué roca? Nada mejor que los paralelos que ofrecen las palabras de Cristo y Pedro, respectivamente, para determinar este asunto, o sea el significado de este texto. Pues bien; en Mateo 21: 42, 44, se nos presenta Jesús mismo como la piedra fundamental o "cabeza de esquina," profetizada ya y tipificada en el Antiguo Testamento. Y en conformidad con esta idea declara Pedro mismo que Cristo es la piedra viva; **la principal piedra del ángulo,** en Sión, la piedra desechada por los judíos que fue hecha **cabeza del ángulo,** etc. (1ª Pedro 2:4, 8). Confirma y aclara la misma idea Pablo, diciendo a los miembros de la iglesia de Efeso (2:20), que son "edificados sobre el fundamento (puesto por) de los apóstoles y profetas, siendo la principal piedra del ángulo Jesucristo mismo, en el cual, compaginado todo el edificio, va creciendo para ser un templo santo." Desde este fundamento de la iglesia, puesto por la predicación de Pablo, "como perito arquitecto" entre los corintios, dice el Apóstol "que nadie puede poner otro fundamento que el que está puesto, el cual es Cristo Jesús." (1ª Cor. 3:10,11).

Cotejando éstos y otros paralelos, llegamos a la persuasión de que Cristo, en este texto, no constituye a Pedro en fundamento de su iglesia.

2. El modo de proceder, tratándose de esta clase de paralelos, es, pues, el aclarar los pasajes obscuros mediante los pasajes paralelos más claros; las expresiones figurativas, mediante los textos paralelos propios y sin figura, y las ideas sumariamente expresadas, mediante los paralelos más extensos y explícitos. He aquí nuevos ejemplos:

Ejemplos: 1º Encárgase mucho la caridad a los creyentes en 1ª Pedro 4:8, porque la caridad cubrirá multitud de pecados. ¿Cómo explicar este texto obscuro? Por el contexto y cotejándolo con 1ª Cor. 13 y Col. 1:4, comprendemos que la palabra caridad se usa aquí en el sentido de amor fraternal. ¿Pero en qué sentido cubre el amor fraternal muchos pecados? En Rom.

4:8 y Salmo 32:1, se nos presenta el pecado perdonado bajo la figura de "pecado cubierto:" "sepultado en el olvido," como diríamos nosotros. Consultando luego el contenido de Proverbios 10:12, que cita Pedro en este lugar, comprendemos que el amor fraternal cubre muchos pecados en el sentido de perdonar las ofensas recibidas de los hermanos, sepultándolas en el olvido, contrario al odio que despierta rencillas y aviva el pecado. No se trata, pues, aquí, de merecer el perdón de los pecados propios mediante obras de caridad, ni de encubrir pecados propios y ajenos mediante disimulos y excusas, como erróneamente pretenden los que no se cuidan de consultar los paralelos, explicando la Escritura por la Escritura.

2º Según Gálatas 6:15, lo que es de valor para Cristo, es la nueva criatura. ¿Qué significa esta expresión figurada? Consultando el paralelo de 2ª Cor. 5:16, hallamos que la criatura nueva es la persona que está en Cristo Jesús, para la cual "todas las cosas viejas pasaron" y "todo es hecho nuevo;" mientras que en Gál. 5:6 y 1ª Cor. 7:19, se nos presenta la criatura nueva como persona que tiene fe y observa los mandamientos de Dios.

3º Pablo expone sumariamente la idea de la justificación por la fe en Filipenses 3:9, diciendo que desea ser hallado en Cristo, no teniendo su "justicia, que es por la ley, sino la que es por la fe de Cristo, la que es de Dios por la fe." Para conseguir aclaración de esta idea es preciso acudir a numerosos pasajes de las cartas a los Romanos y a los Gálatas, en los cuales se explica extensamente cómo por la ley todo hombre es reo convicto delante de Dios y cómo por la fe en la muerte de Cristo, en lugar del pecador, el hombre, sin mérito propio alguno, queda declarado justo y absuelto por Dios mismo (Rom 3, 4, 5; Gál. 3:4.)

PREGUNTAS

1. ¿Qué se entiende por paralelos de ideas?
2. ¿Cómo se explica la palabra todos en el mandamiento de: "bebed de él todos" en orden a la comunión?

3. ¿Cómo se prueba que la roca que menciona Jesús en Mat. 16:18, no es Pedro?

4. ¿Cómo se procede en el estudio de los paralelos de ideas?

5. ¿Cómo cubre la caridad el pecado según las Escrituras?

6. ¿Cómo se demuestra el verdadero sentido de la expresión nueva criatura, de Gál. 6:15?

7. ¿De qué manera se saca en claro toda la idea de "la justificación por la fe"?

Capítulo XI

REGLA QUINTA
(Tercera parte)

3. Paralelos de enseñanzas generales. 1. Para la aclaración y recta interpretación de determinados pasajes no son suficientes los paralelos de palabras e ideas; es preciso acudir al tenor general, o sea a las **enseñanzas generales** de las Escrituras. Tenemos indicaciones de esta clase de paralelos en la Biblia misma, bajo las expresiones de enseñar **conforme a las Escrituras**, de ser anunciada tal o cual cosa por **boca de todos los profetas**, y de usar los profetas (o predicadores) su don conforme a la **medida de fe**, es decir, según la **analogía o regla** de la doctrina revelada (1ª Cor. 15:3,14; Hech. 3:18; Rom. 12:6)

Ejemplos: 1º Dice la Escritura: "El hombre es justificado por la fe sin las obras de la ley." Ahora bien; si alguien, de esta circunstancias, saca en consecuencia y enseña que el hombre de fe queda libre de las obligaciones de vivir una vida santa y conformada a los preceptos divinos, comete un error, aun cuando consulte algún paralelo del texto. Es preciso consultar el tenor o doctrina general de la Escritura que se refiere al asunto; hecho lo cual, hállase que esa interpretación es falsa por contradecir por completo al espíritu y al designio del Evangelio, que en todas partes previene a los creyentes contra el pecado, exhortándoles a la pureza y la santidad.

2º Según el tenor o enseñanza general de las Escrituras, Dios es un espíritu omnipotente, purísimo, santísimo, conocedor de todas las cosas y en todas partes presente, cosa que positivamente consta en multitud de pasajes. Ahora bien, otros textos que, al parecer, nos presentan a Dios como ser humano, limitándole a tiempo o lugar, aminorando en algún sentido su pureza o santidad, su poder o sabiduría, tales textos débense interpretar a la luz de dichas enseñanzas generales.

El que haya textos que a primera vista no parecen armonizar con ese tenor de las Escrituras, débese al lenguaje figurado de la Biblia y la incapacidad de la mente humana de abrazar la verdad divina en su totalidad.

3º Al decir las Escrituras: "Todas las cosas ha hecho Jehová por sí mismo, y aun al impío para el día malo" (Prov. 16:4), ¿querrá enseñar aquí que Dios ha creado al impío para condenarle, como algunos interpretan este texto? Cierto que no; porque, según el tenor de las Escrituras en multitud de pasajes Jehová no quiere la muerte del impío, no quiere que nadie perezca, sino que todos procedan al arrepentimiento. Y, por tanto, el significado de la última parte del texto debe ser que el Creador de todas las cosas, en el día malo, sabrá valerse aún del impío para llevar a cabo sus adorables designios. ¡Cuántas veces, por la providencia de Dios, no hubieron de servir los impíos cual azote y plaga a otros, castigándose a sí mismos a la vez!

4. Paralelos aplicados al lenguaje figurado. A veces es preciso consultar los paralelos para determinar si un pasaje se debe tomar al pie de la letra o en sentido figurado. Varias veces nos presentan los profetas a Dios, por ejemplo, con un cáliz en la mano, dando a beber a los que quiere castigar, cayendo éstos en tierra, embriagados o aturdidos. (Nahum 3:11; Hab. 2:16; Salmo 75:8, etc.) Esta representación, breve y sin explicación en ciertos textos, hállase aclarada en el paralelo de Isaías 51:17, 22, 23, donde aprendemos que el cáliz es el furor de la

ira o justa indignación de Jehová, y el aturdimiento o embriaguez, asolamiento y quebrantos insoportables.

A propósito del lenguaje figurado, es preciso recordar aquí
que alguna semejanza o igualdad entre dos cosas, personas o
hechos, justifica la comparación y uso de la figura. Así es que,
si hay cierta correspondencia entre el sentido figurado de una
palabra y su sentido literal, no es necesario, como tampoco es
posible, que todo cuanto encierra la figura se halle en el sentido literal. Por lo mismo, cuando Cristo, por ejemplo, llama ovejas a sus discípulos, es natural que no apliquemos a los discípulos toda clase de cualidades que encierra la palabra oveja,
que aquí se usa en sentido figurado. En casos como este suele
bastar el sentido común para determinar los puntos de comparación. Así, comprendemos que, al llamarse Cristo el cordero,
sólo se refiere a su carácter manso y a su destino a ser sacrifi-
cado, como el cordero sin mácula lo era entre los israelitas. Del
mismo modo comprendemos en qué sentido se llama al pecado, **deuda**; a la Redención, **paga de la deuda**, y al perdón,
remisión de la deuda o de la culpa.

Y es evidente que el sentido de tales expresiones no se debe
llevar a extremos exagerados: si bien Cristo murió por los pecadores, no se sigue en consecuencia, por ejemplo, que todos los
pecadores son o serán salvos; y si bien Cristo cumplió toda la
ley por nosotros, no resulta de ello que nosotros tengamos
derecho a vivir en el pecado; o si bien consta que el hombre
está muerto en el pecado, no quiere decir que está de tal modo
muerto que no se pueda arrepentir y que quede sin culpa si
desoye el llamamiento del Evangelio. Tratándose de figuras
tomadas de objetos materiales no suele ser difícil determinar el
justo número de realidades o puntos de comparación, que
designa cada figura, ni la consecuencia lícita o enseñanza posi-
tiva que encierra cada punto Más dificultad ofrecen las figuras
tomadas de la naturaleza humana o de la vida ordinaria.
Muchos hanse recreado en formar castillos de doctrina sin fundamento, rebuscando y comparando tales figuras y símiles,
sacando consecuencias ilícitas, si no contrarias a las Escrituras.
El espíritu humano parece hallar gusto especial en semejantes

fabricaciones caprichosas y juegos de palabras. Débense, pues, estudiar las figuras con sobriedad especial y siempre con toda seriedad.

PREGUNTAS

1. ¿Qué son "paralelos de enseñanzas generales"?
2. ¿Cómo se evita la interpretación falsa de la expresión: "Justificación sin las obras de la ley"?
3. ¿Cómo se aclaran las expresiones que nos presentan a Dios cual ser limitado?
4. ¿Por qué ocurren tales expresiones? ¿Cómo se consigue la recta inteligencia del texto que dice que Dios ha hecho al impío para el día malo?
5. ¿Para qué se debe recurrir a los paralelos tratándose del lenguaje figurado?
6. ¿A qué condición se permite el uso de una figura retórica?
7. ¿Por qué no se debe buscar el equivalente de todas las circunstancias de las figuras?
8. ¿En qué espíritu deben estudiarse y comprenderse las figuras o símbolos de las Escrituras?

Capítulo XII
REPETICIÓN Y OBSERVACIONES

Repitiendo y resumiendo algo de lo dicho en las lecciones anteriores conviene que nos acordemos y siempre tengamos presente:

1º Que el primer requisito para la recta inteligencia de las Escrituras es un espíritu de discípulo humilde. Tanto es así, que una persona comparativamente ignorante, que humildemente invoca la luz del Espíritu de Dios en el estudio de la Biblia, conseguirá con más facilidad conocimientos bíblicos exactos que un hombre de talento y sabiduría humana que, preocupado y careciendo del espíritu de discípulo, emprende su estudio. Multitud de ejemplos apoyan esta verdad.

2º Que las grandes doctrinas y principios del cristianismo están expuestas con claridad en las Escrituras.

3º Que de consiguiente y en realidad sólo se invocan las reglas de interpretación para conseguir el significado verdadero de los puntos obscuros y de difícil comprensión.

4º Que, a pesar de ello, es de gran importancia que hasta el cristiano más humilde tenga alguna idea de tales reglas y de su aplicación, por cuanto es su deber profundizarse en las

Escrituras, confirmarse en sus verdades y familiarizarse con ellas para su provecho propio y para poder iluminar a los que las contradicen.

5º Para conocer el sentido innato de la Biblia, ella misma debe ser su propio intérprete.

6º Que el verdadero sentido de sus textos se consigue por el significado de sus palabras, y que así, por la adquisición del verdadero sentido de las palabras, se consigue el verdadero sentido de sus textos.

7º Que no se debe olvidar por un momento que el significado de las palabras está determinado por la peculiaridad y uso del lenguaje bíblico, debiéndose, por tanto, buscar el conocimiento del sentido en que se usan las palabras, ante todo en la Biblia misma.

8º Que las palabras deben tomarse en el sentido que comúnmente tienen, si este sentido no está manifiestamente reñido con otras palabras en la frase en que ocurren, con el contexto o con otras partes de las Escrituras.

9º Que en caso de tener una palabra con significados diferentes, ofreciéndose así o de otro modo un punto obscuro, se recurra a las reglas arriba explicadas para conseguir el sentido exacto que intentaba el escritor inspirado, o mejor, el Espíritu de Dios mismo.

10º Que, aparte de la recta inteligencia de pasajes y textos aislados en cuanto a las doctrinas, éstas sólo son del todo bíblicas y exactas cuando expresan todo cuanto dicen las Escrituras en orden a las mismas.

Al averiguar, pues, cuál sea el verdadero significado de un pasaje de la Escritura, es preciso que preguntemos:

1º ¿Cuál es el significado de sus palabras?

Si no tienen más que un significado, pronto estamos en lo claro: poseemos ya el verdadero sentido. Pero si hay alguna que tiene más de un sentido, nos preguntamos:

2º ¿Cuál de estos sentidos requiere lo demás de la frase?

Si en contestación a ello encontramos dos o tres sentidos, nos preguntamos:

3º ¿Cuál es el sentido que requiere el contexto para que tenga un sentido armónico todo el pasaje?

Si todavía cabe darle más de un sentido, nos preguntaremos:

4º ¿Cuál es el sentido que requiere el designio u objeto general del pasaje o del libro en que se halla?

Y si a todas estas preguntas se ofrece todavía más de una contestación, preguntamos:

5º ¿Cuál es el sentido que requieren otros pasajes de las Escrituras?

Si, por acaso, en contestación a tantas averiguaciones, todavía fuese posible hallar más de un significado en alguna palabra del pasaje, pueden considerarse verdaderos ambos significados o ambas interpretaciones, debiéndose, por supuesto, preferir la que más condiciones reúna para ser aceptada como verdadera.

Acaso no huelga repetir que el proceder indicado y las reglas aquí estampadas son tan justas como necesarias, no solamente para la interpretación de toda clase de lenguaje de la Escritura, sino para la recta inteligencia e interpretación de todo lenguaje o documento de uso en la vida ordinaria.

PREGUNTAS

1. ¿Cuál es el principal requisito para comprender la Sagrada Escritura?

2. ¿Cómo están expresados los grandes principios del cristianismo en las Escrituras?

3. ¿Cuándo son útiles las reglas de interpretación?

4. ¿Por qué conviene que todo cristiano tenga ideas de la recta interpretación de las Escrituras?

5. ¿Quién es el intérprete fundamental de la Biblia?

6. ¿Cómo se consigue el verdadero sentido de sus textos?

7. ¿En qué libro se busca el sentido de las palabras bíblicas?

8. ¿En qué sentido se deben tomar generalmente las palabras?

9. ¿Cómo se procede cuando una palabra tiene varios sentidos?

10. ¿Cuándo es del todo bíblica tal o cual doctrina?

11. Para averiguar cuál sea el verdadero sentido de un pasaje, ¿qué preguntas debemos hacernos? Explíquense todas.

Capítulo XIII
FIGURAS RETÓRICAS
(Primera parte)

Hemos visto en la "regla primera" que para la recta comprensión de las Escrituras es necesario, en cuanto sea posible, tomar las palabras en su sentido usual y ordinario, lo que, debido al lenguaje usual y figurado de la Biblia y a sus hebraísmos, no significa que siempre deben tomarse al pie de la letra. También hemos ya observado que es preciso familiarizarse con este lenguaje para llegar a comprender, sin dificultad, cuál es el sentido usual y ordinario de las palabras Para que el lector consiga algún tanto esta familiaridad, expondremos a continuación una serie de figuras y hebraísmos, con sus correspondientes ejemplos, que precisa estudiar detenidamente y repetidas veces. Como veremos, las figuras retóricas del lenguaje bíblico son las mismas que en otros idiomas; y no es tanto a sus nombres, algo extraños, cuanto a los ejemplos que les siguen, que llamamos la atención.

La metáfora
1. Esta figura tiene por base alguna semejanza entre dos objetos o hechos, caracterizándose el uno con lo que es propio del otro.

Ejemplos: Al decir Jesús: "Yo soy la vid verdadera," se caracteriza Jesús con lo que es propio y esencial de la vid; y al decir a los discípulos: "Vosotros sois los pámpanos," les caracteriza a ellos con lo que es propio de los pámpanos. Para la recta interpretación de esta figura no preguntamos, pues: ¿qué caracteriza a la vid?, o ¿para qué sirve principalmente? En la contestación de tales preguntas está la explicación de la figura. ¿Para qué sirve una vid? Para comunicar savia y vida a los pámpanos, a fin de que lleven uvas. Pues esto es lo que, en sentido espiritual, caracteriza a Cristo: cual una vid o cepa verdadera, comunica vida y fuerza a los creyentes, para que, como los pámpanos llevan uvas, ellos lleven los frutos del cristianismo. Procédase del mismo modo en la interpretación de otras figuras de la misma clase, como por ejemplo: "Yo soy la puerta, yo soy el camino, yo soy el pan vivo; vosotros sois la luz, la sal; edificio de Dios; id, decid a aquella zorra; la lámpara del cuerpo es el ojo; cachorro de león es Judá; tú eres mi roca y mi fortaleza; sol y escudo nos es Jehová; la casa de Jacob será fuego, y la casa de José será llama, y la casa de Esaú estopa," etc. (Juan 15:1; 10:9; 14:6; 6:51; Mat. 5:13, 14; 1ª Cor. 3:9; Luc. 13:32; Mat. 6:22; Gén. 49:9; Sal. 71:3; 84:11; Abdías 1:18) .

La sinécdoque

2. Hácese uso de esta figura cuando la parte se pone por el todo o el todo por la parte.

Ejemplos: Pone la parte por el todo el Salmista al decir: "Mi carne posara segura," en lugar de decir: mi cuerpo o mi ser, que sería el todo, siendo la carne sólo parte de su ser. (Sal. 16:9).

Pone el todo por la parte el Apóstol cuando dice de la Cena del Señor: "Todas las veces que .... bebiereis esta copa," en lugar de decir bebiereis de esta copa, es decir, parte de lo que hay en la copa. (1ª Cor. 11:26).

Ponen asimismo el todo por la parte los acusadores de Pablo al decir: "Este hombre es pestilencial y levantador de sediciones ante los judíos por todo el mundo;" es decir, por aquella parte del mundo o del Imperio Romano que había alcanzado con su predicación el Apóstol. Úsase la misma figura cuando se dice que "salió edicto de parte de Augusto César que toda la tierra fuese empadronada," queriendo decir, por supuesto, la parte de la tierra que gobernaba Augusto César. (Hech. 24:5; Luc. 2:1).

La metonimia

3. Empléase esta figura cuando se pone la causa por el efecto, o la señal o símbolo por la realidad que indica el símbolo.

Ejemplos: Válese Jesús de esta figura poniendo la causa por el efecto al decir: "Tienen a Moisés y a los profetas; óiganlos," en lugar de decir que tienen los escritos de Moisés y de los profetas, o sea el Antiguo Testamento. (Luc. 16:29).

Pone asimismo la señal o símbolo por la realidad que indica la señal cuando dice a Pedro: "Si no te lavare, no tendrás parte conmigo." Emplea Jesús aquí la señal de lavar los pies por la realidad de purificar el alma, porque hace saber él mismo que el tener parte con él no depende del lavamiento de los pies, sino de la purificación del alma." (Juan 13:8).

Del mismo modo, Juan hace uso de esta figura poniendo la señal por la realidad que indica la señal al decir: "La sangre de Jesucristo su hijo nos limpia de todo pecado," pues es evidente que, aquí la palabra sangre indica toda la pasión y muerte expiatoria de Jesús, única cosa eficaz para satisfacer por el pecado y purificar al hombre del mismo. (Juan 1:7).

La prosopopeya

4. Úsase esta figura cuando se personifican las cosas inanimadas, atribuyéndoseles los hechos o acciones de las personas.

Ejemplos: El Apóstol habla de la muerte como de persona que puede ganar victoria o sufrir derrota al preguntar: "¿Dónde está, ¡oh muerte!, tu aguijón?" (1ª Cor. 15:55). Emplea el apóstol Pedro la misma figura, hablando del amor, y refiriéndose a la persona que ama, cuando dice: "La caridad (el amor) cubre multitud de pecados." (1ª Pedro 4:8). Como es natural, ocurren con frecuencia estas figuras en el lenguaje poético del Antiguo Testamento, dándosele así una hermosura, vivacidad y animación extraordinarias, como por ejemplo al prorrumpir el Profeta: "Los montes y los collados levantarán canción delante de vosotros y todos los árboles del campo darán palmadas de aplauso." Convendría observar que en casos como éstos no se trata solamente de una mera personificación de las cosas inanimadas, sino de una simbolización por las mismas, representando en este pasaje los montes y collados personas eminentes y los árboles personas humildes, alabando de regocijo los unos y a los otros al Redentor ante sus mensajeros. (Isaías 55:12) .

Otro caso de personificación grandiosa ocurre en el Salmo 85:10,11, donde se hace referencia a la abundancia de bendiciones propias del reinado del Mesías en estos términos: "La misericordia y la verdad se encontraron: la justicia y la paz se besaron. La verdad brotará de la tierra y la justicia mirará desde los cielos."

La ironía

5. Hácese uso de esta figura cuando se expresa lo contrario a lo que se quiere decir, pero siempre de tal modo que se hace resaltar el sentido verdadero.

Ejemplos: Emplea esta figura Pablo cuando llama a los falsos maestros **grandes apóstoles** y **sumos apóstoles**, dando a comprender al mismo tiempo que de ningún modo son tales apóstoles (2ª Cor. 11:5; 12:11, véase 11:13).

Válese de la misma figura el profeta Elías cuando en el Carmelo dice a los sacerdotes del falso dios Baal: "Gritad, que acaso duerme (vuestro dios) y despertará," dándoles a comprender a la vez que es del todo inútil que griten. (1ª Reyes 18:27).

También Job hace uso de esta figura al decir a sus amigos: "Vosotros sois el pueblo y con vosotros morirá la sabiduría" haciéndoles saber a la par que estaban muy lejos de ser tales sabios. (Job 12:2).

La hipérbole

6. Es la figura por la cual se representa una cosa como

mucho más grande o más pequeña que en realidad es, para presentarla viva a la imaginación. Tanto la ironía como la hipérbole se usan muy poco en las Escrituras, pero alguna que otra vez ocurren.

Ejemplos: Hacen uso de la hipérbole los exploradores de la tierra de Canaán cuando vuelven a contar lo que allí habían visto, diciendo: "Vimos allí gigantes. . . y éramos nosotros, a nuestro parecer, como langostas. . . las ciudades (son) grandes y muradas hasta el cielo." (Núm. 13:34; Deut. 1:28). De lo que se ve que esos exploradores hablaban como se acostumbra entre nosotros al decir una persona u otra, por ejemplo: "Ya le he avisado mil veces," queriendo decir tal sólo: "Ya le he avisado muchas veces."

También Juan hace uso de esta figura al decir: "Hay también otras muchas cosas que hizo Jesús, que si se escribiesen cada una por sí, ni aun en el mundo pienso que cabrían los libros que se habrían de escribir." (Juan 21:25).

PREGUNTAS

1. ¿Qué se entiende por metáfora?
2. ¿Qué es la sinécdoque?
3. ¿Qué es la metonimia?
4. ¿Que es la prosopopeya?
6. ¿Qué es la ironía?
7. ¿Qué es la hipérbole?

Aclárese cada figura con algún ejemplo.

Capítulo XIV
FIGURAS RETÓRICAS
(Segunda parte)

No sólo se emplean palabras determinadas en sentido figurado en las Escrituras, sino, a veces, textos o pasajes enteros; así es que hallamos el uso de la alegoría, de la fábula, del enigma, del símbolo y de la parábola, figuras que ocurren también en otra clase de literatura.

La alegoría

1. La alegoría es una figura retórica que generalmente consta de varias metáforas unidas, representando cada una de ellas realidades correspondientes. Suele ser tan palpable la naturaleza figurativa de la alegoría, que una interpretación al pie de la letra casi se hace imposible. A veces esta acompañada la alegoría, como la parábola, de la interpretación que exige.

Ejemplos: Tal exposición alegórica nos hace Jesús al decir: "Yo soy el pan vivo que ha descendido del cielo; si alguno comiere de este pan, vivirá siempre; y el pan que yo daré es mi carne, la cual yo daré por la vida del mundo... El que come mi carne y bebe mi sangre, tiene vida eterna," etc. Esta alegoría tiene su interpretación en el mismo pasaje de la Escritura. (Juan 6:51-65).

Otra alegoría refiere el Salmista (Salmo 80:8-13) representando a los israelitas, su traslación de Egipto a Canaán y su historia sucesiva bajo las figuras metafóricas de una vid con sus raíces, sarmientos, etc., la cual, después de trasladada, echa raíces y se extiende, pero que más tarde queda estropeada por el puerco montés y comida por las bestias del campo (representando el puerco y las bestias poderes gentílicos).

Aun otra alegoría nos presenta al pueblo israelita bajo las figuras de una viña en lugar fértil, la cual, a pesar de los mejores cuidados, no lleva más que uvas silvestres, etcétera. También esta alegoría está acompañada de su explicación correspondiente. "Ciertamente, dice el pasaje en que la hallamos, la viña de Jehová de los ejércitos es la casa de Israel, y de todo hombre de Judá su planta deleitosa," etc. (Isa. 5:1-7).

La fábula

2. La fábula es una alegoría histórica, poco usada en la Escritura, en la cual un hecho o alguna circunstancia se expone en forma de narración mediante la personificación de cosas o de animales.

Ejemplos: Leemos en 2ª Reyes 14:9. "El cardillo que está en el Líbano envió a decir al cedro que está en el Líbano: da tu hija por mujer a mi hijo. Y pasaron las bestias fieras que están en el Líbano y hollaron al cardillo." Con esta fábula contesta Joás, rey de Israel, al reto de guerra que le había hecho Amasías, rey de Judá. Joás se compara a sí mismo al robusto cedro del Líbano y humilla a su orgulloso contrincante, igualándole a un débil cardillo, desechando toda alianza entre los dos y prediciendo la ruina de Amasías con la expresión de que "las bestias hollaron al cardillo."

El enigma

3. El enigma es también un tipo de alegoría, pero su solución es difícil y abstrusa.

Ejemplos: Samsón propuso a los filisteos lo siguiente (Jueces 14:14): "Del comedor salió la comida, y del fuerte salió dulzura." La solución de este enigma se halla en el susodicho pasaje bíblico.

Entre otros dichos de Agar, hallamos en Prov. 30:24 el enigma a continuación: "Cuatro cosas son de las más pequeñas en la tierra, y las mismas son más sabias que los sabios." Este enigma tiene también su solución en el mismo pasaje en que se halla.

El tipo

4. El tipo es una clase de metáfora que no consiste meramente en palabras, sino en hechos, personas u objetos que designan semejantes hechos personas u objetos en el porvenir. Estas figuras son numerosas y llámanse en la Escritura sombras de los bienes venideros, y se hallan, de consiguiente, en el Antiguo Testamento

Ejemplos: Jesús mismo hace referencia a la serpiente de metal levantada en el desierto, como tipo prefigurando la crucifixión del Hijo del Hombre. (Juan 3:14).

En otra ocasión se refiere Cristo al conocido acontecimiento con Jonás como tipo, prefigurando su sepultura y resurrección (Mat. 12:40).

Pablo nos presenta al primer Adam como tipo, prefigurando el segundo Adam, Cristo Jesús; y asimismo al cordero pascual como tipo del Redentor. (Rom. 5: 14; 1ª Cor. 5: 7).

Sobre todo, la carta a los Hebreos hace referencia a los tipos del Antiguo Testamento, como, por ejemplo, al Sumo Sacerdote que prefiguraba a Jesús; a los sacrificios que prefiguraban el sacrificio de Cristo; al Santuario del templo que prefiguraba el cielo, etc. (Heb. 9:11-28; 10:6-10).

Muchos abusos se han cometido en la interpretación de muchas cosas que han parecido típicas en el Antiguo Testamento. Así es que nos huelga aconsejar: 1º. Acéptase como tipo lo que como tal está aceptado en el Nuevo Testamento; 2º, recuérdese que el tipo es inferior a su correspondiente realidad y de que, por consiguiente, todos los detalles del tipo no tienen aplicación a dicha realidad; 3º, téngase presente que a veces un tipo puede prefigurar cosas distintas, y 4º, que los tipos, como las demás figuras, no nos fueron dadas para servir de base y fundamento de las doctrinas cristianas, sino para confirmarnos en la fe y para ilustrar y presentarnos las doctrinas vivas a la mente.

El símbolo

5. El símbolo es una especie de tipo por el cual se representa alguna cosa o algún hecho por medio de otra cosa o hecho familiar que se considera a propósito para servir de semejanza o representación.

Ejemplos: El león se considera el rey de los animales del bosque, así es que hallamos en las Escrituras la majestad real simbolizada por el león. Del mismo modo se representa la fuerza por el caballo y la astucia por la serpiente. (Apoc. 5:5; 6:2; Mat. 10:16).

Considerando la gran importancia que siempre tenían las llaves y su uso, nada tiene de extraño que vinieran a simbolizar autoridad: y que del tremendo poder que se notaba en los cuernos de los animales, el cuerno viniera a representar el poder real. (Mat. 16:19; Luc. 1:69).

Recordando que las puertas de los pueblos antiguamente servían como una especie de fortaleza, comprendemos por qué, en el lenguaje simbólico, venían a representar fuerza y dominio. (Mat. 16:18).

Tan numerosos son esta clase de símbolos que creemos conveniente poner los más comunes en sección aparte.

En cuanto a hechos simbólicos, para representar la muerte del pecador al mundo y su entrada en una vida nueva por la resurrección espiritual tenemos la inmersión y salida del agua, en el bautismo. Represéntase asimismo, como sabemos, la comunión espiritual con Jesús y la participación de su sacrificio en la celebración de la Cena del Señor. (Rom. 6:3, 4; 1ª Cor. 11:23-26).

La parábola

6. La parábola es una especie de alegoría presentada bajo la forma de una narración, relatando hechos naturales o acontecimientos posibles, siempre con el objeto de declarar o ilustrar una o varias verdades importantes.

Ejemplos: En Lucas 18:1-7 expone Jesús la verdad de que es preciso orar siempre y sin desmayar, aunque tardemos en recibir la contestación. Para aclarar e imprimir en los corazones esta verdad, se vale del ejemplo o parábola de una viuda y un mal juez, que ni teme a Dios ni tiene respeto a los hombres. Acude la viuda al juez pidiendo justicia en orden a su adversario. Pero el juez no le hace caso; mas, a fuerza de volver y molestarle, consigue la viuda que el juez injusto le haga justicia. Y así Dios oirá a los suyos "que claman a él día y noche, aunque sea longánime con ellos."

Una parábola que tiene por objeto ilustrar varias verdades la tenemos en el **Sembrador** (Mateo 13:3-8), cuya simiente cae en la tierra en cuatro puntos distintos, necesitando cada uno su interpretación. (Véase vers. 18-25). Otra parábola que ilustra varias verdades tenemos en la de la cizaña en el mismo cap., vers. 24:30 y 36-43. Varias verdades aclaran también las parábolas de la **oveja perdida**, de la **dracma perdida** y del **hijo pródigo**. (Luc. 15). Otro tanto sucede con la del **fariseo y publicano** y otras. (Luc. 18:10-14).

En cuanto a la recta comprensión e interpretación de las parábolas, es preciso observar lo siguiente:

1º Débese buscar cuál es su objeto; en otras palabras, cuál es la verdad o cuáles las verdades que ilustra. Hallado esto, se tiene la explicación de la parábola, y nótese que a veces consta el objeto en la introducción o en el acabamiento de la misma. Otras veces se descubre su objeto teniendo en cuenta con qué motivo se empleó.

2º Deben tenerse en cuenta sólo los rasgos principales de las parábolas, dejándose a un lado lo que les sirve de adorno o para completar la narración. Jesús mismo nos enseña a obrar así en la interpretación de sus propias parábolas. Como hay peligro de equivocarse en este punto, lo aclararemos llamando la atención a la de Luc. 11:5-8. En esta parábola ilustra Cristo la verdad de que es necesario obrar con insistencia, valiéndose del ejemplo de una persona que necesita tres panes. Es de noche y se los va a pedir prestado a un amigo suyo que tiene ya la puerta cerrada y está en cama con sus hijos Este amigo perezoso no quiere levantarse para dárselos, pero, a fuerza de insistencia e importunidad en la petición, consigue lo que desea. Es fácil ver que aquí es el hombre necesitado y suplicante quien nos ofrece el buen ejemplo y representa al cristiano en la parábola. Igualmente fácil es caer en la cuenta de que su amigo representa a Dios. Pero ¡qué absurdo sería interpretar todo lo que dice del amigo aplicándolo a Dios, a saber, que tiene la puerta cerrada, está con sus hijos en cama y, siendo perezoso, no quiere levantarse! Es evidente que esta parte constituye lo que llamamos adorno de la parábola y que se debe dejar a un lado por no tener correspondencia y aplicación a la realidad. Fíjese pues, siempre, en la totalidad de la parábola y en sus partes principales, haciéndose caso omiso de sus detalles menores.

3º Y no se olvide que las parábolas, como las demás figuras, sirven para ilustrar las doctrinas y no para producirlas.

PREGUNTAS

1. ¿Qué se entiende por alegoría?
2. ¿Qué es la fábula?
3. ¿Qué es el enigma?
4. ¿Qué es el tipo?
5. ¿Qué es el símbolo?
6. ¿Qué es la parábola y qué circunstancias especiales deben observarse en su interpretación?
   Aclárese esta respuesta con algún ejemplo.

Capítulo XV
FIGURAS RETÓRICAS
(Parte tercera)

Deseamos agregar a este capítulo algunas figuras de retórica que el Dr. Lund omitiera a fin de hacer más concisa su obra. Consideramos beneficioso añadir este capítulo a fin de facilitar el empleo de esta publicación como libro de texto y también para el estudio y lectura particulares.

Símil

1. La figura de retórica denominada símil procede de la palabra latina "similis" que significa semejante o parecido a otro. La palabra es definida de la siguiente manera por el Diccionario de la Real Academia Española: "Figura que consiste en comparar expresamente una cosa con otra, para dar idea viva y eficaz de una de ellas." La Biblia contiene numerosos y bellísimos símiles, que cuales las ventanas de un edificio, dejan penetrar la luz y permiten que los que están en su interior puedan mirar hacia afuera y contemplar el maravilloso mundo de Dios. La metáfora consiste en denominar a una cosa empleando el nombre de otra, en el entendimiento de que el lector o el oyente reconocerá la similitud entre el sentido recto y el figurado de la comparación. El Señor Jesús empleó con respecto a Herodes el

calificativo de **aquella zorra**, lo cual constituye una metáfora. Si hubiera dicho que Herodes era como una zorra, habría empleado la figura retórica denominada símil, mas en este caso, hubiera restado fuerza a su declaración. La palabra zorra le sentaba tan bien al astuto rey, que el Señor Jesús no necesitó decir que Herodes era como una zorra. En el símil se emplea para la comparación la palabra **como** u otra similar, mientras que en la metáfora se prescinde de ella.

Ejemplos: "Porque como la altura de los cielos sobre la tierra, engrandeció su misericordia sobre los que le temen." (Símil).

"Como el padre se compadece de los hijos, se compadece Jehová de los que le temen." (Símil).

"Porque él conoce nuestra condición; acuérdase que somos polvo." (Metáfora).

"El hombre, como la hierba son sus días: florece como la flor del campo. Que pasó el viento por ella, y pereció: y su lugar no la conoce más." (Símil). Salmo 103:11-16.

Otra serie de símiles se halla en Isaías, capítulo 55. En los versículos 8-11 tenemos símiles de rara belleza, como por ejemplo:

"Como son más altos los cielos que la tierra, así son mis caminos más altos que vuestros caminos, y mis pensamientos más que vuestros pensamientos." (Símil).

"Porque como desciende de los cielos la lluvia, y la nieve, y no vuelve allá, sino que harta la tierra y la hace germinar y producir, y da simiente al que siembra, y pan al que come; así será mi palabra que sale de mi boca: no volverá a mí vacía, antes hará lo que yo quiero, y será prosperada en aquello para que la envié." (Símil).

"Los símbolos escogidos," nos dice el Dr. Delitch en su Comentario Bíblico de Isaías, "tienen profundo significado alusivo. Así como la nieve y la lluvia son causas mediatas del crecimiento y asimismo de la satisfacción que proporcionan los productos cosechados, así también la Palabra de Dios ablanda y refresca el corazón humano, transformándolo en terreno fértil y vegetativo. La Palabra de Dios proporciona asimismo al profeta—o sembrador—la semilla para sembrar, la cual trae consigo el pan que alimenta el alma. El hombre vive de toda palabra que sale de la boca de Dios." (Deut. 8:3). Versión Moderna.

Otros dos símiles eficaces relativos al poder de la Palabra de Dios se encuentran en Jeremías 23:29 que dice así: "¿No es mi palabra como el fuego, dice Jehová, y como martillo que quebranta la piedra?" Compare la poderosa metáfora de Hebreos 4:12.

El profeta Isaías en 1:18, mediante dos símiles familiares, da a conocer las promesas de Dios relativas al perdón y a la limpieza. "Si vuestros pecados fueren como la grana, como la nieve serán emblanquecidos: si fueren rojos como el carmesí vendrán a ser como blanca lana."

El profeta Isaías nos dice asimismo que "los impíos son como la mar en tempestad, que no puede estarse quieta, y sus aguas arrojan cieno y lodo." El mismo profeta compara a los justos con un jardín bien regado y con un manantial inagotable (57:20 y 58:11).

Nada es más inconstante que las olas marinas impulsadas por el viento. Con ellas compara el apóstol Santiago (1:6), al creyente variable y vacilante, que oscila entre la fe y la duda. "Pero pida en fe, no dudando nada: porque el que duda es semejante a la onda de la mar, que es movida del viento, y echada de una parte a otra." La traducción de este versículo al inglés, realizada por Moffatt, y vertida libremente al castellano, dice así: "Solamente que pida en fe, sin dudar jamás, porque el hombre que duda es como la ola del mar, que gira en remolino y fluctúa, impulsada por el viento."

Los símiles de la Biblia son cual grabados hermosos y de gran valor artístico, que acompañan las verdades, que sin este auxilio serían captadas débilmente y olvidadas con facilidad.

Interrogación

2. La palabra interrogación procede de un vocablo latino que significa pregunta. Mas no todas las preguntas son figuras de retórica. Solamente cuando la pregunta encierra una conclusión

evidente es una figura literaria. El Diccionario de la Real Academia Española define a la interrogación de la siguiente manera: "Figura que consiste en interrogar, no para manifestar duda o pedir respuesta, sino para expresar indirectamente la afirmación, o dar más vigor o eficacia a lo que se dice."

Ejemplos: "El juez de toda la tierra ¿no ha de hacer lo que es justo?" (Gén. 18:25). Esto equivale a decir que el Juez de toda la tierra hará lo justo. "¿No son todos espíritus administradores, enviados para servicio a favor de los que serán herederos de salud?" (Hebreos 1:14). En este versículo el ministerio noble de los ángeles se considera un hecho incontrovertible. Las interrogaciones que se encuentran en Romanos 8:33-35 constituyen hermosos ejemplos del poder y del uso de esta figura literaria. La mente, en forma instintiva, va de la pregunta a la respuesta en actitud triunfal. "¿Quién acusará a los escogidos de Dios? Dios es el que justifica. ¿Quién es el que condenará? Cristo es el que murió; más aún, él que también resucitó, quien además está a la diestra de Dios, el que también intercede por nosotros. ¿Quién nos apartará del amor de Cristo? Tribulación, o angustia, o persecución, o hambre, o desnudez, o peligro, o espada?"

"Entonces Jesús le dijo: Judas, ¿con beso entregas al Hijo del Hombre?" Estas palabras equivalían a decir: "Judas, tú entregas al Hijo del Hombre con un beso." (Lucas 22:48).

En el libro de Job hay muchas interrogaciones. Aquí tenemos algunos ejemplos: "¿No sabes esto que fue siempre, desde el tiempo que fue puesto el hombre sobre la tierra, que la alegría de los impíos es breve, y el gozo del hipócrita por un momento?" (Job 20:4, 5). "¿Alcanzarás tú el rostro de Dios? ¿Llegarás tú a la perfección del Todopoderoso?" (Job 11:7). La respuesta de Dios desde un torbellino (capítulos 38-40) está expresada en su mayor parte por medio de interrogaciones.

Apóstrofe

3. El apóstrofe se asemeja mucho a la personificación o prosopopeya. La palabra apóstrofe procede del latín apostrophe y ésta del griego apo, que significa de, y strepho, que quiere decir

volverse. El vocablo indica que el orador se vuelve de sus oyentes inmediatos para dirigirse a una persona o cosa ausente o imaginaria. El Diccionario de la Real Academia Española nos proporciona la siguiente definición: "Figura que consiste en cortar de pronto el hilo del discurso o la narración, ya para dirigir la palabra con vehemencia en segunda persona a una o varias presentes o ausentes, vivas o muertas, a seres abstractos o cosas inanimadas, ya para dirigírsela a sí mismo en iguales términos." Cuando las palabras están dirigidas a un objeto impersonal, la personificación y el apóstrofe se combinan, como por ejemplo, en 1ª Corintios 15:55, y en algunos otros pasajes que siguen:

Ejemplos: "¿Qué tuviste, oh mar, que huiste? ¿y tú, oh Jordán, que te volviste atrás? Oh montes, ¿por qué saltasteis como carneros, y vosotros collados como corderitos? A la presencia del Señor tiembla la tierra, a la presencia del Dios de Jacob; el cual tomó la peña en estanque de aguas, y en fuente de aguas de roca." (Salmo 114:5-8). A continuación tenemos otro ejemplo que combina la personificación con el apóstrofe: "Oh espada de Jehová, ¿hasta cuándo no reposarás? Métete en tu vaina, reposa y sosiega." (Jeremías 47:6). Uno de los apóstrofes más extraordinarios y conocidos es el grito del angustiado David, a raíz de la muerte de su hijo rebelde: "¡Hijo mío Absalom, hijo mío, hijo mío Absalom! ¡Quién me diera que muriera yo en lugar de ti, Absalom, hijo mío, hijo mío!" (2° Samuel 18:33). Las palabras dirigidas al caído monarca de Babilonia (Isaías 14:9-32) constituyen unos de los apóstrofes más vigorosos de la literatura.

El apóstrofe, empleado por oradores hábiles, es en la mayoría de los casos la forma más efectiva y persuasiva de la retórica.

"Escuchad, cielos y hablaré; y oiga la tierra los dichos de mi boca." (Deut. 32:1). Estas palabras nos recuerdan a Jeremías que dijo: "¡Tierra, tierra, tierra! oye palabra de Jehová" (Jeremías 22: 29). Constituye una forma muy enfática de reclamar atención y recalcar la importancia de lo que se habla.

En Números 21:29 es donde encontramos una de las primeras menciones en la Biblia de esta figura de Retórica: "¡Ay de ti, Moab! Perecido has, pueblo de Chemosh!" Aquí se le dirige la palabra a la devastada tierra de Moab como si estuviera presente. En el famoso cántico de Débora y Barac, se les dirige la palabra a los reyes y príncipes ausentes y dominados, como si estuvieran presentes: "Oid, reyes; estad, oh príncipes, atentos: yo cantaré a Jehová, cantaré salmos a Jehová Dios de Israel." (Jueces 5:2).

Por razones de espacio, sólo presentamos dos apóstrofes más. Ambos proceden de labios del Maestro. La incredulidad, la indiferencia y la resistencia de las ciudades que habían sido testigos de la mayor parte de sus obras maravillosas le hicieron exclamar: "¡Ay de ti, Corazín! ¡Ay de ti, Bethsaida! porque si en Tiro y en Sidón fueran hechas las maravillas que han sido hechas en vosotras, en otro tiempo se hubieran arrepentido en saco y en ceniza... Y tú, Capernaum, que eres levantada hasta el cielo, hasta los infiernos serás bajada." (Mateo 11:21, 23). ¿Quién no comparte la angustia del Salvador, cuando exclama: "¡Jerusalem, Jerusalem, que matas a los profetas, y apedreas a los que son enviados a ti! ¡cuántas veces quise juntar tus hijos, como la gallina junta sus pollos debajo de las alas, y no quisiste!"? (Mateo 23:37) En estos últimos ejemplos, se combinan el apóstrofe y la prosopopeya.

Antítesis

4. Este vocablo procede de la palabra latina antithesis y ésta de palabras griegas que significan colocar una cosa contra la otra. El diccionario de la Real Academia Española nos da la siguiente definición: "Figura que consiste en contraponer una frase o una palabra a otra de contraria significación." Se trata de una figura de retórica muy efectiva que se encuentra en muchas partes de las Escrituras. Lo malo y lo falso sirve de contraste o fondo que da realce a lo bueno y lo verdadero.

Ejemplos: El discurso de despedida de Moisés (Deut. capítulos 27 al 33) consiste en una notable serie de contrastes o antítesis. Nótese la que se encuentra en Deut. 30:15 que dice: "Mira, yo he puesto delante de ti hoy la vida y el bien, la muerte y el mal." Tenemos aquí un contraste o antítesis doble. Asimismo en el versículo 19: "A los cielos y la tierra llamo por testigos hoy contra vosotros, que os he puesto delante la vida y la muerte, la bendición y la maldición (dos antítesis): escoge pues la vida, porque vivas tú y tu simiente."

El Señor Jesús presenta en su Sermón de la Montaña numerosas antítesis. Nótese la que aparece en Mateo 7:13, 14: "Entrad por la puerta estrecha: porque ancha es la puerta, y espacioso el camino que lleva a perdición, y muchos son los que entran por ella. Porque estrecha es la puerta y angosto el camino que lleva a la vida, y pocos son los que la hallan." El Señor Jesús establece contraste o antítesis entre la puerta estrecha y la ancha; entre el camino angosto y el espacioso; entre los dos destinos, la vida y la destrucción y entre los pocos y los muchos. Tenemos aquí una cuádruple antítesis. En los versículos 17 y 18 se contrasta el árbol malo y sus malos frutos con el árbol bueno y sus buenos frutos. En los versículos 21 al 23, el Señor efectúa un contraste entre dos personas: la una profesa obediencia a la voluntad divina, sin practicarla, mientras que la otra realmente practica la obediencia. A continuación ilustra la diferencia mediante una extraordinaria y múltiple antítesis. (Versículos 24-27).

Nuestro Señor Jesús da por finalizado su maravilloso discurso escatológico (referente a las cosas finales, como la muerte, el juicio y el estado futuro) en los capítulos 24 y 25 de Mateo, empleando gradación o clímax de carácter antitético.

En 2ª Corintios 3:6-18, Pablo establece un contraste entre el Antiguo Pacto y el Nuevo, entre la Ley y el Evangelio, empleando para ello una serie notable de antítesis que pueden ser convenientemente preparadas en columnas paralelas. En Romanos 6:23 el apóstol Pablo contrasta "muerte" con "vida eterna," y la "paga del pecado" con la "dádiva de Dios." "Porque la paga del pecado es muerte: mas la dádiva de Dios es vida eterna en Cristo Jesús Señor nuestro."

En 2ª Corintios 6:8-10 nos proporciona una serie de antítesis relacionadas con su propia experiencia y en los versículos 14-16, mediante antítesis cuidadosamente seleccionadas demuestra la locura del cristiano que se encadena al mundo. En 1ª Corintios 15:35-38 da por terminado su poderoso argumento relativo a la resurrección mediante una andanada de antítesis, semejante a la descarga de una ametralladora.

Clímax o gradación

5. La palabra clímax o gradación procede del latín climax y éste del griego klimax que significa escala, en el sentido figurado de la palabra. El Diccionario de la Real Academia Española nos proporciona la siguiente definición de la palabra gradación: "Figura que consiste en juntar en el discurso palabras o frases que, con respecto a su significación, vayan como ascendiendo o descendiendo por grados, de modo que cada una de ellas exprese algo más o algo menos que la anterior." Lo esencial es que exista avance o progreso en la oración, párrafo, tema, libro o discurso. La mayoría de los sermones bien preparados tienen más de una gradación, y terminan mediante una gradación final de carácter extraordinario.

La gradación puede consistir de unas pocas palabras o puede extenderse por todo el discurso o libro. Puede consistir en palabras sueltas, preparadas de tal manera que lleven la mente en progresión gradual ascendiente, o puede consistir en una serie de argumentos que estallan en triunfal culminación, como el argumento incontrovertible de la resurrección en 1 Corintios, capítulo 15. El gran capítulo de la fe, (Hebreos 11) es un ejemplo de un largo y poderoso clímax o gradación.

Ejemplos: El capítulo octavo de los Romanos es un maravilloso clímax o gradación. Comienza con los vocablos "ninguna condenación," y termina diciendo que "ninguna criatura nos podrá apartar." Para crear este poderoso clímax o gradación, el apóstol emplea una serie de gradaciones. Tenemos aquí una de ellas: "Porque no habéis recibido el espíritu de servidumbre para estar otra vez en temor; mas habéis recibido el espíritu de adopción, por el cual clamamos, Abba, Padre. Porque el mismo Espíritu da testimonio a nuestro espíritu que somos hijos de Dios. Y si hijos; también herederos: herederos de Dios, y coherederos de Cristo; si empero padecemos juntamente con él, para que juntamente con él seamos glorificados." Versículos 15-17. Tenemos aquí los peldaños de la escala: (1) Estamos expuestos al espíritu de servidumbre y temor; (2) hemos sido adoptados; (3) al comprender los lazos que nos unen a Dios, susurramos, cual niños pequeños, la palabra Abba, que significa Padre, en arameo; (4) hasta el Espíritu da testimonio de la verdad y realidad de esta nueva relación; (5) pero los niños son herederos, y también lo somos nosotros; (6) somos herederos de Dios, el más rico de todos; (7) estamos en el mismo pie de igualdad con Jesús, su Hijo, quien es heredero de todas las cosas (Hebreos 1:2); y si sufrimos con él, (8) también seremos glorificados con él.

Tenemos a continuación otra figura de gradación. En los versículos 29-30 notamos cómo el apóstol asciende cúspide tras cúspide: conoció, predestinó, llamó, justificó, glorificó. Después de haber alcanzado esta altura, ¿podrá el apóstol seguir ascendiendo? Sí, lea los versículos 31-39. Nótese la base de nuestra completa y absoluta confianza y seguridad: (1) "Si Dios por nosotros, ¿quién contra nosotros?" (2) Si nos dio libremente a su Hijo para que muriera por nosotros, ¿cómo nos podrá negar la gracia o bendición que necesitamos? (3) ¿Quién nos acusará, puesto que es Dios mismo quien nos justifica? (4) ¿Quién se atreverá a condenarnos, cuando Cristo ha muerto para salvarnos? (5) Está ahora a la diestra de Dios como nuestro Abogado para interceder por nosotros. (6) ¿Quién nos separará del amor que Cristo tiene para con nosotros? ¿Nos separará acaso (a) la tribulación, (b) angustia, (c) persecución, (d) hambre, (e) desnudez, (f) peligro, (g) cuchillo? Después de haber alcanzado este plano, el apóstol se detiene lo suficiente como para citar el Salmo 44:22 para demostrar que en época remota el pueblo escogido sufrió el martirio por amor de Dios, insinuando así que estamos preparados para la misma prueba. Sí, en estos conflictos hacemos más que vencer. Luego en los versículos 38, 39 se eleva a alturas que producen vértigos, llegando luego a una de las gradaciones más grandiosas de toda la literatura.

Recordemos asimismo que en el caso de Pablo no se trataba

de un despliegue oratorio. Se trataba de la plena confianza y profunda convicción de su corazón, y quedó demostrada en su propia vida victoriosa (2ª Cor. 11:23-27) y muerte (2ª Tim. 4:6-8).

Nótese asimismo los admirables y elocuentes clímax o gradaciones en Isaías, capítulos 40 y 55; también en Efesios 3:14-21. Lea también Filipenses 2:5-21.

Tenemos aquí un ejemplo de la arenga de Cicerón dirigida contra Verres: "Es un ultraje encadenar a un ciudadano romano; azotarle es un crimen atroz; darle muerte es casi un parricidio; mas CRUCIFICARLE, ¿de qué lo calificare?" Estas palabras arrojan luz en lo que respeta a los Hechos 22:25-28.

El anticlímax es lo contrario del clímax o gradación y es a menudo empleado por escritores inexperimentados. Consiste en descender de lo sublime a lo ridículo o colocar al final del escrito o discurso las frases de menor importancia.

PREGUNTAS

1. ¿Qué es un símil? ¿Cómo se distingue de la metáfora?

2. ¿Qué ejemplos de símiles puede suministrar?

3. ¿Qué es una interrogación? ¿Es toda pregunta una figura de retórica? Proporcione ejemplos.

4. ¿Qué es un apóstrofe? ¿De qué forma se diferencia esta figura de retórica de la personificación? Dé ejemplos de la Biblia.

5. ¿Qué es una antítesis? Dé ejemplos.

6. ¿Qué es un clímax o gradación?

Efectúe una distinción entre clímax y antítesis. Proporcione ejemplos.

Capítulo XVI
FIGURAS RETÓRICAS
(Cuarta parte)

En virtud del hecho de que se encuentran numerosas y diversas figuras de retórica en las Sagradas Escrituras, y en el entendimiento de que las figuras empleadas aclaran a menudo los pasajes más obscuros y difíciles, se añade esta parte para estudiar algunas figuras de retórica que no fueron consideradas en lecciones precedentes.

Proverbio

1. Este vocablo procede de las palabras latinas pro que significa antes y verbum que quiere decir palabra. Se trata de un dicho común o adagio. El proverbio se ha definido como una afirmación extraordinaria y paradójica. Los proverbios del Antiguo Testamento están redactados en su mayor parte en forma poética, consistentes en dos paralelismos, que generalmente son sinónimos, antitéticos o sintéticos. El libro de los Proverbios contiene gran variedad de proverbios, adivinanzas, enigmas y dichos obscuros. En este último sentido de palabra se usa el proverbio por dos veces consecutivas en Juan 16 (25, 29). En Juan 10:6 tenemos la misma palabra griega, mas allí

ha sido traducida como parábola. En Lucas 4:23 el griego dice proverbio y la versión castellana refrán. Algunos proverbios son parábolas abreviadas o condensadas, otros, metáforas, otros símiles y otros se han extendido hasta formar alegorías.

En su Introducción al libro de los Proverbios, escrito en hebreo, el Dr. T. J. Conant hace el siguiente comentario: "La sabiduría ética y práctica más remota de la mayoría de los pueblos de la antigüedad se expresaba en dichos agudos, breves, expresivos y enérgicos. Involucraban, en pocas palabras, el resultado de la experiencia común, o las consideraciones y observaciones individuales. Pensadores y observadores agudos, acostumbrados a generalizar los acontecimientos experimentales, y a razonar en base a principios básicos, expresaban el resultado de sus investigaciones mediante apotegmas o sea dichos breves y sentenciosos, los cuales comunicaban alguna instrucción o pensamiento ingenioso, alguna verdad de carácter moral o religioso, alguna máxima relativa a la prudencia o conducta, o a las reglas prácticas de la vida. Todo esto era manifestado mediante términos destinados a despertar atención, o estimular el espíritu de investigación o las facultades del pensamiento, y en forma que se fijaba con caracteres indelebles en la memoria. Se convirtieron así en elementos integrantes de la forma popular de pensar, tan inseparables de los hábitos mentales del pueblo como el poder mismo de percepción."

El propósito de los proverbios es afirmado así en la introducción al Libro de los Proverbios (1: 2-6): "Para entender sabiduría y doctrina; para conocer las razones prudentes; para recibir el consejo de la prudencia, justicia, y juicio y equidad; para dar sagacidad a los simples, y a los jóvenes inteligencia y cordura. Oirá el sabio, y aumentará el saber; y el entendido adquirirá consejo; para entender parábola y declaración; palabras de sabios, y sus dichos obscuros."

Ejemplos: "Médico cúrate a ti mismo." (Lucas 4:23). Este debe de haber sido un dicho común en Nazaret. Se aplicaba al principio a médicos atacados de enfermedades físicas, quienes trataban de curar de ellas a otros. Jesús comprendió que sus antiguos conocidos de la ciudad de Nazaret, motivados por la incredulidad, emplearían esas palabras contra él, si no realizaba en Nazaret milagros tan maravillosos como los que había efectuado en Capernaum. El Señor respondió a sus pensamientos, que no se habían trasuntado aún en palabras, con otro proverbio, que constituye una defensa propia: "No hay profeta en su tierra." Esta parece ser la interpretación condensada del proverbio que dice: "No hay profeta deshonrado sino en su tierra, y entre sus parientes, y en su casa." (Marcos 6:4; Mateo 13:57). Jesús demuestra la verdad de su declaración al referirse a la historia de Elías (1 Reyes, capítulos 17 y 18) y de Eliseo (2 Reyes 5:1-14).

Contra los maestros apóstatas y reincidentes que sembraban la ruina en aquella época, el apóstol Pedro emplea con grandes resultados dos hechos, que todos debían de haber observado, condensados en un proverbio, a saber: "El perro se volvió a su vómito, y la puerca lavada a revolcarse en el cieno." (2ª Pedro 2:22). La interpretación es evidente, y no es difícil encontrar ejemplos para ilustrar la verdad, aun en nuestros días. (Compare Proverbios 26:11, donde la primera parte de este doble proverbio se aplica con respecto a un necio y su necedad.)

Advertencias: (1) Se debe tener mucho cuidado en lo que respeta a la interpretación de proverbios, y en particular, en lo referente a aquéllos que no son fáciles de entender e interpretar. Quizá estén basados en hechos y costumbres que se han perdido para nosotros. (2) Dado que los proverbios pueden ser símiles, metáforas, parábolas, o alegorías, es bueno determinar a qué clase pertenece el proverbio al interpretarse. Figuras diferentes pueden combinarse para formar un proverbio. Por ejemplo, en Proverbios 1:20-33, se personifica a la sabiduría y se ofrece el proverbio en la forma de una parábola con su aplicación. Lea también Eclesiastés 9:13-18. (3) Estudie, el contexto, es decir, los versículos que preceden y siguen al texto, los cuales son a menudo la clave de la interpretación, como sucede en los casos antes mencionados. (4) Cuando hayan fracasado todas las tentativas destinadas a aclarar el significado, es mejor quedar a la expectativa hasta que se reciba más luz sobre el asunto. (5) No emplee como prueba textos, proverbios u otras Escrituras, cuyo significado no pueda determinar, aunque ellos parezcan favorecer la doctrina que usted mantiene. (6) Aproveche la ayuda que proporcionan los comentaristas eruditos en el estudio de las Sagradas Escrituras, que conocen los idiomas originales y que pueden proporcionar las conclusiones a que arribaron los eruditos sagrados más famosos.

(7) Por sobre todas las cosas, ore pidiendo la iluminación divina.

Acróstico

2. La palabra acróstico procede de dos vocablos griegos que significan extremidad o verso. Tenemos varios ejemplos de acrósticos en el Antiguo Testamento. El más notable es el Salmo 119, con sus 176 versos. Contiene veintidós estrofas, y cada una de ellas corresponde a una letra del alfabeto griego. Hay ocho líneas dobles en cada estrofa. Cada una de las ocho líneas en la primera estrofa es Aleph, la primera del alfabeto hebreo. La primera palabra de cada una de las ocho líneas dobles en la segunda estrofa comienza con Beth, la segunda letra del alfabeto, y así sucesivamente, hasta el fin. Se cantan en alabanza de la Palabra de Dios y de su Autor. Es imposible trasladar esta característica singular del original a la versión castellana, mas la traducción de Valera indica el acróstico colocando en orden las letras hebreas y sus nombres respectivos al comienzo de las estrofas o secciones. En el idioma hebreo esta forma constituye una verdadera ayuda para la memoria. Dado que los salmos se habían escrito para ser cantados sin libros, y puesto que se aprendían y recitaban de memoria en la escuela, esta disposición alfabética constituía una gran ayuda para aprender este capítulo, el más largo de la Biblia.

Los Salmos 25 y 34 tienen veintidós versículos en castellano, y el mismo número de estrofas en hebreo: una para cada letra del alfabeto, tomadas en orden. En los Salmos 111 y 112 cada uno de los versículos o estrofas está dividido en dos partes, siguiendo el orden del alfabeto. Los últimos veintidós versículos del capítulo final de los Proverbios comienzan con una letra del abecedario hebreo, en orden alfabético.

La mayor parte de las Lamentaciones de Jeremías están escritas en acrósticos, y algunos de los capítulos repiten cada una de las letras una o más veces.

Tenemos aquí un modelo posterior de acróstico, en traducción libre:

Jesús, que en la cruz su sangre dio.
El dolor y el desdén por mi sufrió.
Sentenciado fue por la turba cruel.
Ultrajado bebió la amarga hiel.
Socórreme y hazme siempre fiel.

Los cristianos de la primera iglesia, como lo evidencian las catacumbas en la ciudad de Roma, empleaban comúnmente acrósticos en los epitafios Uno de los símbolos favoritos y secretos de su fe inconmovible bajo el fuego de la persecución era el dibujo de un pescado. La palabra griega equivalente a pescado es icchthus. El alfabeto griego consta de caracteres que nosotros representamos mediante dos letras. De esta manera th y ch son letras sencillas en el alfabeto griego. Al recordar este hecho, el pez simbólico se leía de la siguiente manera:

I	I esous	Jesús
Ch	Ch ristos	Cristo
Th	Th eou	de Dios
U	U ios	Hijo
S	S oter	Salvador

Paradoja

3. Se denomina paradoja a una proposición o declaración opuesta a la opinión común; a una afirmación contraria a todas las apariencias y a primera vista absurda, imposible, o en contraposición al sentido común, pero que si se estudia detenidamente, o se medita en ella, resulta correcta y bien fundada. La palabra procede del griego y nos llega por intermedio del latín. Está formada de los vocablos para que significa contra y doxa, opinión o creencia. Suena al oído como algo increíble o imposible, si no absurdo. Nuestro Salvador empleó con

frecuencia esta figura entre sus oyentes, con el objeto de sacudirlos de su letargo y despertar su interés.

Ejemplos: (a) "Mirad, y guardaos de la levadura de los Fariseos y de los Saduceos." (Mateo 16:16; Marcos 8:14-21; Lucas 12:1). Los discípulos pensaron que el Señor hablaba de la levadura del pan, porque se habían olvidado de llevar pan consigo. Jesús les censuro su falta de comprensión hasta que finalmente entendieron que el Señor se refería a las malas doctrinas y a la hipocresía de los fariseos y saduceos. (Mateo 6:12)

(b) "Deja que los muertos entierren a sus muertos." (Mateo 8:22; Lucas 9:60). Esta fue la extraordinaria respuesta que nuestro Señor le dio a uno de los candidatos al discipulado, que no comprendía lo que significaba seguir al Señor, y se proponía ir primero y sepultar a su padre. Aquellos que están muertos en el sentido espiritual de la palabra, pueden asistir a los funerales de los que han fallecido en el aspecto físico. Otro deseaba seguir al Señor Jesús, mas quería primero despedirse de los de su casa. Nuestro Señor comprendió que la consagración tenía algún defecto, a igual que en el caso primeramente señalado, y por lo tanto replicó por medio de la parábola: "Ninguno que poniendo su mano en el arado mira atrás, es apto para el reino de los cielos." (Lucas 9:61, 62). De esta manera el Señor Jesús hizo comprender a la gente la importancia que tenía el ser su discípulo y el predicar el evangelio.

(c) "¿Quién es mi madre y quiénes son mis hermanos?" Y extendiendo su mano hacia los discípulos, dijo: He aquí mi madre y mis hermanos. Porque todo aquel que hiciere la voluntad de mi Padre que está en los cielos, ése es mi hermano, y hermana, y madre." (Mateo 12:46-50; Marcos 3:31-35; Lucas 8:19-21). Mediante este procedimiento notable nuestro Señor inculcó la doctrina de la relación espiritual más elevada.

(d) "Si alguno viene a mí, y no aborrece a su padre, y madre, y mujer, e hijos, y hermanos, y aun también su vida, no puede ser mi discípulo." (Lucas 14:26). Esta paradoja constituye un hebraísmo, tal como se explicara en la página 26. Si esta declaración se tomara en forma literal, constituiría una completa contradicción con otras Escrituras que nos enseñan que debemos amar a nuestros familiares. (Efesios 5:28, 29 y otras).

(e) "Porque el que quisiera salvar su vida, la perderá; y el que perdiere su vida por causa de mí y del evangelio, la salvará." (Marcos 8:35; Mateo 16:25; Lucas 9:24) Mediante esta paradoja extraordinaria, el Señor hace comprender a sus seguidores el valor del alma, y la pérdida terrible que experimentan aquellos que mueren sin esperanza. Al mismo tiempo el Maestro enseña que la mejor manera de emplear la vida es sirviendo a Dios. Las páginas de la historia misionera están pletóricas de incidentes que ilustran el gran principio que el Señor Jesús enunció en esta paradoja. En otra paradoja (Marcos 9: 43-48), el Señor demuestra que es mejor sufrir la pérdida de uno de los miembros de nuestro cuerpo que rendirnos a la tentación y quedar perdidos para siempre.

(f) "¡Coláis el mosquito, mas tragáis el camello!" (Mat. 23:24). La pieza más notable de invectiva de la literatura, es la lanzada por el Señor contra los escribas y fariseos hipócritas de su tiempo. Consiste de una serie de ocho amargos presagios pronunciados contra ellos, poco antes de su muerte. (Mateo 23:13-33). El Señor Jesús los denomina "guías ciegos" que cuidadosamente cuelan el mosquito, mas se tragan el camello. El versículo precedente nos muestra las diferencias sutiles que hacían en lo que respeta a la interpretación de la ley, y cuán escrupulosos eran para dar diezmos de la menta, el eneldo y el comino que crecía en sus huertos y luego omitían los asuntos más importantes "de la ley, del juicio, de la misericordia y de la fe."

(g) "Mas os digo, que más liviano trabajo es pasar un camello por el ojo de una aguja, que entrar un rico en el reino de Dios." (Mateo 19: 24; Marcos 10:25; Lucas 18:25) Esta paradoja hizo maravillar a los discípulos, quienes preguntaron: "¿Quién podrá ser salvo?" El contexto nos proporcionará ayuda. El Señor Jesús acababa de finalizar su entrevista con el joven rico, que luego se había alejado triste. En esas circunstancias, el Señor Jesús hizo el siguiente comentario a sus discípulos: "Un rico difícilmente entrará en el reino de los cielos." Esta conversación se realizaba en idioma arameo, la lengua que el pueblo común de Palestina empleaba siglos antes y después del nacimiento de Cristo. Muchos comentaristas eminentes afirman que los evangelios fueron al principio escritos en dicho idioma y luego traducidos al griego. El Dr. Jorge M. Lamsa explica que la palabra aramea gamla puede significar una cuerda gruesa, un camello o una viga, y afirma que la palabra camello es una traducción equivocada, primero del arameo al griego y posteriormente a otras lenguas, entre ellas el castellano. Añade el Dr. Lamsa que lo que el Señor Jesús quiso decir fue lo siguiente: "Mas yo os digo, que más liviano trabajo es pasar una cuerda gruesa por el ojo de una aguja, que entrar un rico en el reino de Dios." Estas palabras suenan más razonables que la acostumbrada explicación que, después que las puertas de la ciudad se cerraban, el camello podría pasar por una abertura mucho menor en la muralla, pero tenía primero que dejar su carga, y luego arrodillarse. Se trata de una hermosa ilustración de lo que debe hacer el joven rico, mas surge la pregunta si esto es realmente lo que el Señor quiso decir o no. El versículo 26 indica que Jesús quiso decir que se trataba de una imposibilidad. Poco antes el Señor había manifestado: "De cierto os digo, que si no os volviereis, y fueres como niños, no entraréis en el reino de los cielos." (Mateo 18:3). Se trata ésta de otra paradoja, similar a la anterior. Ambos dichos son contrarios a la opinión común, y por esta razón se les denomina paradojas. La creencia común era que los ricos y los que ocupaban posiciones elevadas estaban más seguros del cielo. Con respecto a las riquezas, el Dr. H. A. W. Meyer hace el siguiente comentario: "El peligro de no alcanzar la salvación a causa de las riquezas no reside en éstas, consideradas en sí mismas, sino en la dificultad que tiene el hombre pecador de poner esas riquezas a disposición de Dios." (1ª Cor. 1:26-29).

(h) Los ejemplos mencionados más arriba han sido tomados de las palabras de Jesús. Se pueden obtener otros numerosos ejemplos en las Sagradas Escrituras. Tenemos aquí uno del apóstol Pablo que dice: "Porque cuando soy flaco, entonces soy poderoso." Es decir, débil o flaco en mí mismo, mas poderoso o fuerte en el Señor y en su fortaleza, tal como lo establece con claridad el contexto. (2 Cor. 12:10; Efesios 6:10).

PREGUNTAS

1. ¿Qué es un proverbio?
2. ¿Qué es un acróstico?
3. ¿Qué es una paradoja?
Proporcione ejemplos de cada uno de ellos.

Capítulo XVII
HEBRAÍSMOS

Por hebraísmos entendemos ciertas expresiones y giros peculiares del idioma hebreo que ocurren en nuestras traducciones de la Biblia, que originalmente fue escrita en hebreo y en griego. Como ya hemos indicado, algún conocimiento de estos hebraísmos es necesario para poder hacer uso debido de nuestra primera regla de interpretación.

Ejemplos: 1º Era costumbre entre los hebreos llamar a una persona hijo de la cosa que de un modo especial le caracterizaba, de modo que al pacífico y bien dispuesto se le llamaba hijo de paz; al iluminado y entendido, hijo de luz; a los desobedientes, hijos de desobediencia, etcétera (Véase Luc. 10:6; Efes. 2:2; 5:6; 5:8).

2º Las comparaciones expresábanse a veces mediante negaciones, como, por ejemplo, al decir Jesús: "El que a mí recibe no recibe a mí, mas al que me envió," lo que equivale a nuestro decir: El que a mí recibe no recibe tanto a mí, cuanto al que me envió; o no solamente a mí, sino también al que me envió. Débese interpretar del mismo modo cuando leemos: "No busco (solamente) mí voluntad, mas la voluntad del que me envió;

trabajad no (sólo) por la comida que perece, mas por la comida que a vida eterna permanece; no has mentido (solamente) a los hombres, sino a Dios; no me envió Cristo (tanto) a bautizar como (cuanto) a predicar el Evangelio; no tenemos lucha (solamente) contra sangre y carne, sino contra principados... contra malicias espirituales," etcétera. (Mar. 9:37; Juan 5:30; 6:27; Hech. 5:4; 1ª Cor. 1:17; Efe. 6:12).

Como ya en otra parte hemos indicado, el amar y aborrecer se usaban para expresar la preferencia de una cosa a otra; así es que al leer, por ejemplo: "A Jacob amé, mas a Esaú aborrecí," débese comprender: preferí Jacob a Esaú. (Romanos 9:13; Deut. 21:15; Juan 12:25; Luc 14:26; Mat. 10:37).

3º A veces, los hebreos, a pesar de referirse tan sólo a una persona o cosa, mencionaban varias para indicar su existencia y relación con la persona o cosa a que se referían, como, por ejemplo, al decir: "El arca reposó sobre los montes de Armenia," lo que equivale a decir que reposó sobre uno de los montes de Armenia. También leemos que "Jepté fue sepultado en las ciudades de Galaad," es decir, en una de las ciudades de Galaad. Del mismo modo que, al leer en (Mateo 24:1) que se "llegaron a Jesús sus discípulos para mostrarle los edificios del templo," aprendemos que uno de ellos (como intérprete de los sentimientos de otros) le mostró los edificios del templo; y al decir (Mateo cap. 26:8) que los "discípulos se enojaron (por la pérdida del ungüento), diciendo: ¿Por qué se pierde esto?", aprendemos por Juan que fue uno de ellos, a saber: Judas, que sin duda, expresando lo que pensaron otros, dijo: "¿Por qué se pierde esto?" Al decir también Lucas que los soldados llegáronse a Jesús y presentáronle vinagre en la cruz, vemos por Mateo que fue uno de ellos, que llevó el hecho a cabo. (Gén. 8:4; Jueces 12:7; Mat 24:1; Mar. 13:1; Luc. 23:36; Mat. 27:48).

4º Con frecuencia usaban los hebreos el nombre de los padres para denotar sus descendientes, como, por ejemplo, al decirse (Gén 9:25): "Maldito sea Canaán," en lugar de los descendientes de Canaán (exceptuándose, por supuesto, los justos de sus descendientes). Muchas veces úsase asimismo el nombre de Jacob o Israel para denotar a los israelitas, es decir, los descendientes de Israel. (Gén. 49:7; Salmo 14:7; 1ª Reyes 18:17, 18)

5º La palabra "hijo" úsase a veces, como casi en todos los idiomas, para designar un descendiente más o menos remoto. Así es que los sacerdotes, por ejemplo, se llaman hijos de Leví; a Mefiboset se le llama hijo de Saúl, aunque en realidad fue su nieto; del mismo modo Zacarías se llama hijo de Iddo, siendo su padre Berechías, hijo de Iddo. Y así como "hijo" se usa para designar un descendiente cualquiera, del mismo modo la voz "padre" se usa a veces para designar un ascendiente cualquiera. A veces "hermano" se usa asimismo cuando sólo se trata de un parentesco más o menos cercano; así, por ejemplo, llámase Lot hermano de Abraham, aunque en realidad era su sobrino. (Gén. 14:12-16) Teniendo presente tales hebraísmos, desaparecen contradicciones aparentes. En 2ª Rey 8:26, por ejemplo, se llama a Atalía, hija de Omri, y en el vers. 18, hija de Acab, siendo en realidad hija de Acab y nieta de Omri.

Además de los hebraísmos referidos, ocurren otras singularidades en el lenguaje bíblico, ciertos casi-hebraísmos, que precisa conocer para la recta comprensión de muchos textos. Nos referimos al uso peculiar de ciertos números, de algunas palabras que expresan hechos realizados o supuestos y de varios nombres propios.

Ejemplos: 1º Ciertos números determinados se usan a veces en el hebreo para expresar cantidades indeterminadas.

"Diez," por ejemplo, significa "varios," como asimismo este número exacto. (Gén. 31:7; Daniel 1:20) .

"Cuarenta" significa "muchos." Persépolis se llamaba "la ciudad de cuarenta torres," aunque el número de las mismas era mucho mayor. Tal es probablemente también el significado en 2ª Rey. 8:9, donde leemos que Hazael hizo un regalo de 40 cargas de camellos de bienes de Damasco a Eliseo. Tal vez es éste también el significado en Ezequiel 29:11-13.

"Siete" y "setenta" se usan también para expresar un número crecido y completo, aunque indeterminado. (Prov. 26:16, 25; Salmo 119:164; Lev. 26:24). Se nos manda perdonar hasta setenta veces siete para darnos a comprender que, si el hermano se arrepiente, le debemos perdonar siempre. Los siete demonios echados de María denotan, tal vez su sufrimiento extremado y al mismo tiempo su gran maldad.

2° En las Escrituras úsanse a veces números redondos para expresar cantidades faltas de exactitud.

En Jueces 11:26 hallamos, por ejemplo, que se pone el número redondo de 300 por 293. Compárese también cap. 20:46, 35.

3° A veces hácese un uso peculiar de las palabras que expresan acción, diciéndose de vez en cuando que una persona hace una cosa cuando sólo la declara hecha, cuando causa que se haga, cuando profetiza que se hará, se supone que se hará o se considera hecha. A veces mándase también hacer una cosa cuando sólo se permite que se haga.

En (el original) Lev. 13:13, por ejemplo, dícese que el sacerdote limpia al leproso, cuando sólo le declara limpio. En 2ª Cor. 3:6 leemos que "la letra (es decir, la ley) mata," cuando en realidad sólo declara que el transgresor debe morir.

En Juan 4:1, 2, dícese que "Jesús" bautizaba más discípulos que Juan, cuando sólo causaba u ordenaba que fuesen bautizados, pues a renglón seguido leemos: "Aunque Jesús no bautizaba, sino sus discípulos." Leemos asimismo que Judas "adquirió un campo del salario de su iniquidad," aunque sólo fue causa de ello, entregando a los sacerdotes el dinero con que compraron dicho campo. (Hechos 1:16-19; Mat. 27:4-10). Así comprendemos también en qué sentido consta que "Jehová endureció el corazón de Faraón," al mismo tiempo que se afirma que Faraón mismo endureció su corazón; es decir, que Dios fue causa de su endurecimiento ofreciéndole misericordia a condición de ser obediente, pero se endureció él mismo resistiendo a la bondad ofrecida. (Exo. 8:15; 9:12; compárese con Rom. 9:17).

Al decir Jehová al profeta Jeremías (1:10): "Te he puesto...para arrancar...destruir, arruinar," etc., no lo puso Jehová para ejecutar estas cosas, sino para profetizarlas o proclamarlas. En este sentido también Isaías hubo de "engrosar el corazón del pueblo, agravar sus oídos y cegar sus ojos." (Isaías 6:10).

Como prueba que el idioma hebreo expresa en forma de mandamiento positivo lo que no implica más que un simple permiso, y ni siquiera consentimiento, de hacer una cosa, tenemos en Ezequiel 20:39, donde dice el Señor: "Andad cada uno tras sus ídolos y servidles," dándose a comprender a renglón seguido que el Señor no aprobaba tal conducta. Lo propio sucede en el caso de Balaam, al decirle Dios: "Levántate y ve con ellos (con los príncipes del malvado Balac); empero harás lo que yo te dijere;" manifestándonos el contexto que aquello no era más que un simple permiso de ir a hacer un mal que Dios estaba muy en contra que hiciera el profeta. (Núm. 22:20). Un caso semejante tenemos probablemente en las palabras de Jesús a Judas, cuando le dice: "Lo que haces, hazlo más presto." (Juan 13:27).

4º En la interpretación de las palabras de las Escrituras, es preciso tener presente también que se hace un uso muy singular de los nombres propios, designándose a veces diferentes personas con un mismo nombre, diferentes lugares con un mismo nombre, una persona y un lugar con un mismo nombre y una misma persona con nombres diferentes.

Personas diferentes designadas con un mismo nombre. Faraón, que significa **regente**, era el nombre común de todos los reyes de Egipto desde el tiempo de Abraham hasta la invasión de los Persas, cambiándose después el nombre de Faraón por el de Ptolomeo.—**Abimelech**, que significa **mi padre el rey**, parece haber sido el nombre común de los reyes de los filisteos, como **Agag**, el de los reyes de los Amalecitas y **Benhadad** el de los reyes de los emperadores romanos. El Augusto César (Luc. 2:1) que reinaba al nacer Jesús, era el segundo que llevaba este nombre. El César que reinaba al ser crucificado Jesús, era Tiberio. El emperador al cual apeló Pablo y a quien se llamaba Augusto como César, era Nerón. (Hech 25:21).—Los reyes egipcios y filisteos parecen haber tenido un nombre propio además del común, como los romanos. Así es que leemos, por ejemplo, de un Faraón Nechao, de Faraón Ophra y de

Abimelech Achís. (Vea el prefacio al Sal. 34; 1° Sam. 21:11).

En el Nuevo Testamento se conocen distintas personas bajo el nombre de Herodes. Herodes el Grande, así llamado en la historia profana, fue quien siendo ya viejo, mató a los niños en Betlehem. Muerto éste, la mitad de su reino, Judea y Samaria inclusive, se dio a su hijo Arquelao; la mayor parte de Galilea, a su hijo Herodes el Tetrarca, o rey (Luc. 3:1; Mat. 2:22); y otras partes de la Siria y Galilea a su tercer hijo Felipe Herodes. Fue Herodes el Tetrarca, quien decapitó a Juan Bautista y se burlaba de Jesús en su pasión. Aún otro rey Herodes, a saber, el nieto del cruel Herodes el Grande, mató al apóstol Jacobo, muriendo después abandonado en Cesarea. Fue delante del hijo de este asesino de Jacobo, llamado Herodes Agripa, que hizo Festo comparecer a Pablo. El carácter de este rey Agripa era muy diferente al de su padre, y el no confundirlos es de importancia para la comprensión recta de la Historia.—Leví en Mar. 2:14 es el mismo que Mateo. Tomas y Dídimo son una misma persona. Tadeo, Lebeo y Judas son los diferentes nombres del apóstol Judas. Natanael y Bartolomé son también los nombres de una misma persona.

Lugares diferentes designados con un mismo nombre. Dos ciudades llámanse Cesarea, a saber, Cesarea de Filipo en Galilea, y la Cesarea situada sobre la costa del Mediterráneo. A esta última, puerto de mar y punto de partida para los viajeros que salían de Judea para Roma, se refiere constantemente el libro de los Hechos.

También se mencionan dos Antioquías: la de Siria, donde Pablo y Bernabé principiaron sus trabajos y donde los discípulos primeramente fueron llamados cristianos; y la de Frigia, a la cual se hace referencia en Hechos 13:14 y en 2ª Tim. 3:11.

Asimismo hay varios lugares llamados Mispa en el Antiguo Testamento, como el de Galaad, el de Moab, el de Gabaa y el de Judá. (Gén. 31:47-49; 1° Sam. 22:3; 7:11; Jos. 15:38).

Un mismo nombre que designa a una persona y a un lugar. Magog, por ejemplo, es el nombre de un hijo de Jafet, siendo también el nombre del país ocupado por la gente llamada Gog, probablemente los antiguos escitas, hoy llamados tártaros (Ezeq. 38; Apoc. 20:8), de los cuales descienden los turcos.

Una misma persona y un mismo lugar con nombres diferentes. Horeb y Sinaí son nombres de diferentes picos de una misma montaña, pero a veces uno u otro de estos nombres designan la montaña entera.

El lago de Genezaret llamábase antiguamente Mar de Cineret, después Mar de Galilea o Mar de Tiberias. (Mat. 4:18; Juan 21:1).

La Abisinia moderna se llama Etiopía y a veces Cus, designando este último nombre, sin embargo, las más de las veces a Arabia o India. Grecia llámase tanto Javán como Grecia. (Isaías 66: 19; Zac. 9:13; Dan. 8:21). Egipto se llama a veces, Cham, otras Rahab. (Salmo 78:51; Isaías 51:9).

El Mar muerto se llama a veces Mar de la Llanura por ocupar la llanura donde estaban las ciudades Sodoma y Gomorra; otras, Mar del Este, a causa de su posición hacia el Este, contando desde Jerusalén, y aun otras, Mar salado. (2° Reyes 14:25; Gén. 14:3; Jos. 12:3).

El Nilo llamase Sibor, pero con más frecuencia el Río, cuyos nombres también a veces designan otros ríos.

El Mediterráneo se llama a veces Mar de los Filisteos, quienes vivían en sus costas; otras Mar Occidental; aun otras y con más frecuencia el Gran Mar. (Éxodo 23:31; Deut. 11:24; Núm. 34: 6, 7).

La Tierra Santa llámase Canaán, Tierra de Israel, Tierra de Judea, Palestina, Tierra de los Pastores y la Tierra Prometida. (Exo. 15:14; 1° Sam. 13:19; Isaías 14:29; Heb. 11:9).

Un conocimiento cuidadoso del referido uso peculiar de los nombres propios, no sólo favorece la recta comprensión de las Escrituras en general, sino hace desaparecer varias contradicciones que encuentra la ignorancia, en diferentes pasajes de las mismas.

PREGUNTAS

I.

1. ¿Qué se entiende por hebraísmos?
2. ¿Qué hebraísmos se explican en los ejemplos 1 al 5?

II.

3. ¿Qué son los "casi-hebraísmos"?
4. ¿Cómo se usan a veces los números, las palabras que expresan acción, los nombres de personas y lugares?

Dedíquese bastante tiempo a esta lección, hasta familiarizarse con todos sus detalles.

Capítulo XVIII
PALABRAS SIMBÓLICAS

Ofrece mucha dificultad en el estudio de las Escrituras el lenguaje simbólico. Pero aun cuando nos hemos de limitar a la explicación defectuosa de unas cuantas palabras, tan sólo creemos que se ganará algo repasando y familiarizándose con las siguientes:

Abeja, símbolo de los reyes de Asiria (Isaías 7: 18); quienes también en los escritos profanos (jeroglíficos) son representados por esta figura; a veces simboliza asimismo de un modo general, un poder invasor y cruel. Deut. 1:44; Salmo 118:12.

Aceite, fortaleza por la unción; de aquí la vida y fuerza que infunde el Espíritu de Dios. Sant. 5:14.

Adulterio, infidelidad, infracción del pacto establecido, y de consiguiente símbolo de la idolatría, especialmente entre la gente que ha conocido la verdad. Jer. 3:8, 9; Eze. 23:37; Apoc. 2:22.

Aguila, poder, vista penetrante, movimiento en el sentido más elevado. Deut. 32:11,12.

Algarroba, paja, nulidad, juicio del mal.

Ancla, esperanza. Heb. 6:19.

Árboles, los altos, símbolos de gobernantes, (Eze. 31:5-9); los bajos, símbolo del pueblo común. (Apoc. 7:1; 8:7).

Arca, Cristo. 1 Ped. 3:20, 21; Heb. 11:7.

Arco, símbolo de batalla y de victoria (Apoc. 6:2); a veces también de engaño, por cuanto puede quebrarse o tirar en falso. (Os. 7:16; Jer. 9:3).

Arpa, símbolo de gozo y de alabanza. (Salmo 49:4; 33:2; 2ª Crón. 20:28; Isa. 30:32; Apoc. 14: 1, 2).

Azufre, símbolo de tormentos. (Job. 18:15; Salmo 9:6; Apoc. 14:10; 20:10).

Azul, lo celeste, el cielo. Ester 8:15.

Babilonia, símbolo de un poder idólatra que persigue las iglesias de Cristo, refiriéndose de un modo particular al poder romano, pagano y papista. (Isaías 47:12; Apoc. 17:13; 18:24).

Balanza, símbolo de trato integro y justo. (Job 31:6). Tratándose de la compra de víveres, simboliza la escasez. (Lev. 26:26; Eze. 4:16; Apoc. 6:5) .

Berilo, prosperidad, magnificencia. Eze. 1:16; 28:13.

Bestia, símbolo de un poder tirano y usurpador, pero a veces solo de un poder temporal cualquiera. (Dan. 7:3, 17; Eze. 34:28).

Bosque, símbolo de ciudad o reino, representando sus árboles altos a los regentes o gobernadores. (Isa. 10:17-34; 32:19; Jer. 21:14; Ezequiel 20:46).

Brazo, símbolo de fuerza y poder; brazo desnudo o extendido significa el poder en ejercicio. (Sal. 10:15; Isa. 52:10; Sal. 98:1; Ex. 6:6).

Buey, sumisión.

Caballo, símbolo de equipo de guerra y de conquista (Zac. 10:3); símbolo también de la rapidez (Joel 2:4); ir a caballo o "subir sobre las alturas," designa dominio. (Deut. 32:13; Isaías 58:14).

Cabras, símbolo de los malvados en general. (Mat. 25:32, 33).

Cadena, esclavitud. Mar. 5:4.

Calcedonia, pureza.

Caña, fragilidad humana. Mat. 12:20.

Carnero, símbolo de los reyes en general y especialmente del rey persa. (Dan. 8:3-7, 20).

Carro, símbolo del gobierno o protección. (2ª Reyes 2:12). Créese que Isa. 21:7 se refiere a Ciro y Darío, y Zac. 6:1 a cuatro grandes monarquías, mientras que los carros de Dios en el Salmo 68:18 e Isa. 66:15 designan las huestes del cielo.

Casamiento, símbolo de unión y fidelidad en el pacto o alianza con Dios y de consiguiente de la perfección. (Isa. 54:1-6; Apoc. 19:7; Efe. 5:23-32).

Cedro, fuerza, perpetuidad. Sal. 104:16.

Ceguera, incredulidad. Rom. 11:25.

Cenizas, tristeza, arrepentimiento. Job. 42:6; Dan. 9:3.

Cielo y tierra, se usa esta expresión en triple sentido: 1º invisible y moral; 2º visible y literal; 3º político. Usándose en sentido político, cielo simboliza los regentes, tierra el pueblo, los dos juntos formando un reino o un estado. (Isa. 51: 15, 16; 65:17; Jer. 4:23, 24; Mat. 24:29).

Caer del cielo es perder la dignidad o la autoridad; cielo abierto indica un orden nuevo en el mundo político; una puerta abierta en el cielo indica el principio de un gobierno nuevo. (Hab. 2:6-22). El sol, la luna y las estrellas simbolizan las autoridades superiores y secundarias. (Isa. 24:21, 23; Joel 2:10; Apoc. 12:1).

Cinturón, apretado, presto para el servicio; aflojado, reposo.

Cobre, (metal, bronce), símbolo de endurecimiento (Isa. 48:4; Jer. 6:28); también de fuerza y firmeza (Salmo 107:16).

Cocodrilo o dragón, símbolo de Egipto y en general de todo poder anticristiano. (Isa. 27:1; 51:9; Eze. 29:3; Apoc. 12:3; 13:1).

Colores, negro símbolo de angustia y aflicción (Job 30:30; Apoc. 6:5-12); pálido, símbolo de enfermedad mortal, (Apoc. 6:8); bermejo de derramamiento de sangre o de victoria (Zac. 6:2; Apoc. 12:3), o de lo que no se puede borrar (Isa. 1:18); blanco, de hermosura y santidad (Ecl. 9:8; Apoc. 3:4); blanco y resplandeciente era el color real y sacerdotal entre los judíos, como la púrpura entre los romanos.

Comer, símbolo de la meditación y participación de la verdad (Isa. 55:1, 21); símbolo también de los resultados de conducta observada en lo pasado (Eze. 18:2); símbolo asimismo de la destrucción de la felicidad o propiedad de alguna persona. (Apoc. 17:18; Sal. 27:2).

Copa (cáliz), símbolo de lujuria provocante (Apoc. 17:1), también de ritos idólatras (1ª Cor. 10:21) y asimismo de la porción que toca a alguien. (Apóc. 14:10; 18:6).

Corona (diadema), símbolo de autoridad conferida (Lev. 8:9); también de autoridad imperial y de victoria. (Apoc. 19:12).

Crisopraso, paz que sobrepuja todo entendimiento. Apoc. 21:20.

Crisólito, gloria manifiesta.

Cruz, sacrificio. Col. 2:14.

Cuerno, símbolo de poder (Deut. 33:17; 1ª Rey. 22:11; Miqueas 4:13); símbolo también de dignidad real (Dan. 8:9; Apoc. 13:1). Los cuernos del altar constituían un refugio seguro. (Exo. 21:143.

Diez, simboliza la plenitud, lo completo. Mat. 18:24.

Egipto, símbolo de un poder orgulloso y perseguidor, como Roma. (Apoc. 11:8).

Embriaguez, símbolo de la locura del pecado (Jer. 51:7); y de la estupidez producida por los juicios divinos. (Isa. 29:9).

Escaramujo y espino y abrojos, malas influencias.

Escarlata, siendo color de sangre, la vida. Isa. 1:18.

Esmeralda, esperanza.

Frente, denota, según la inscripción o la señal que lleva, un sacerdote (Lev. 8:9); un siervo o un soldado (Apoc. 22:4). Los servidores de los ídolos llevaban igualmente, como hoy, una señal, un nombre o un número en su frente. (Apoc. 13:16) .

Fruto, manifestación de las actividades de la vida. Mat. 7:16.

Fuego, símbolo de la Palabra de Dios (Jer. 2329; Hab. 3:5); símbolo también de destrucción (Isa. 42:25; Zac. 13:9); de purificación (Mal. 3:2); de persecución (1ª Ped. 1:7); de castigo y sufrimiento. (Mar. 9:44).

Hierro, severidad. Apoc. 2:27.

Hija, población, como si ésta fuera madre.

Hisopo, purificación. Salmo 51:7.

Incienso, símbolo de oración (quemábase con fuego tomado del altar de los perfumes). Salmo 141:2; Apoc. 8:4; Mal. 1:11.

Jacinto y Amatista, promesas de glorias futuras.

Jaspe, pasión, sufrimiento.

Lámpara (candelero), símbolo de luz, gozo, verdad y gobierno (Apoc. 2:5). En 1ª Rey. 11:36, indícase con la existencia de la "lámpara todos los días," que a David nunca faltará sucesor. (Salmo 132:17).

León, símbolo de un poder enérgico y dominador. (2ª Rey. 23 33; Amós 3 8; Dan. 7:4; Apoc. 5:5).

Leopardo (tigre), símbolo de un enemigo cruel y engañoso. (Apoc. 13:2; Dan. 7:6; Isaías 11:6; Jer. 5:6; Hab. 1:8).

Lepra, pecado asqueroso. Isa. 1 6.

Libro, el libro del testimonio entregado al rey simboliza la inauguración del reino (2ª Rey. 11:2); **un libro escrito dentro y fuera,** símbolo de una larga serie de acontecimientos; **un libro sellado,** símbolo de secretos; **comer un libro,** símbolo de un estudio serio y profundo (Jer. 15:16; Apoc. 10:9), **el libro de vida,** memoria en que están los redimidos (Esd. 2:62; Apoc. 3:5); **un libro abierto,** símbolo del principio de un juicio. (Apoc. 20:12).

Lirio, hermosura, pureza.

Luz, conocimiento, gozo. Juan 12:35.

Llave, símbolo de autoridad, del derecho de abrir y cerrar. (Isaías 22:22; Apoc. 1:18; 3:7; 20:1) .

Lluvia, influencia divina. Sant. 5:7; Oseas 6:3.

Madre, símbolo del productor de alguna cosa (Apoc. 17 5; como, por ejemplo, de una ciudad cuyos habitantes, de consiguiente, se llaman sus hijos (2ª Sam. 20:19; Isaías 49:23); de una ciudad central cuyas poblaciones dependientes considéranse sus hijas (Isaías 50:1; Oseas 2:2, 5), símbolo también de la Iglesia del Nuevo Testamento. (Gál. 4:26)

Macho de cabrío, símbolo de los reyes macedonios, especialmente de Alejandro (Dan. 8 5-7).

Maná, símbolo de alimento espiritual e inmortal. (Apoc. 2:17; véase Exo. 16:33, 34).

Manos, símbolo de actividad. De aquí manos limpias, manos llenas de sangre, indican hechos correspondientes, puros o sangrientos. (1ª Tim. 2:8; Isaías 1:15). Lavar las manos, simboliza expiación de culpa o protesta de inocencia de culpa. (1ª Cor. 6:11;1ª Tim. 2:8). Mano derecha, símbolo de puesto de honor. (Mar. 16:19). Dar las diestras, de compañía, símbolo de participación de derechos y bendiciones (Gál. 2:9). Dar la mano, equivale a rendirse. (Salmo 88:31; 2ª Crón. 30:8). Levantar la derecha, era señal de juramento. (Gén. 14:22; Dan. 12:17). Marcas en las manos, símbolo de servidumbre e idolatría. (Zac. 13:6). Las manos puestas sobre la cabeza de alguien, símbolo de transmisión de bendición, de autoridad o de culpabilidad. (Gén. 48:14-20; Dan. 10:10). Manos de Dios, puestas sobre un profeta indica influencia espiritual. (1ª Rey. 18:48; Eze. 1:3; 3:22); el dedo indica influencia menor, el brazo influencia mayor.

Medir, (partir, dividir), símbolo de conquista y posesión. (Isaías 53:12; Zac. 2:2; Amos. 7-17)

Montaña, símbolo de grandeza y estabilidad (Isaías 2:2; Dan. 2:35).

Muerte, separación, separación de Dios, insensibilidad espiritual. (Gál. 3:3; Rom. 5:8; Mat. 8:22; Apoc. 3:1).

Ojos, símbolo de conocimiento, también de gloria, de fidelidad (Zac. 4:10), y de gobierno. (Núm. 10:31). Ojo maligno, significa envidia. Ojo bueno, liberalidad y misericordia.

Oro, realeza y poder. Gén. 41:42.

Oso, símbolo de un enemigo cegado, feroz y temerario. (Prov. 17:12; Isa. 11:7; Apoc. 13:2).

Palmera, palmas, realeza, victoria, prosperidad.

Paloma, influencia suave y benigna del Espíritu de Dios. Mateo 3:16.

Pan, pan de vida, Cristo; alimento; medio de subsistencia espiritual. Juan 6:35.

Peces, símbolo de gobernadores de las gentes. (Eze. 29:4, 5; Hab. 1:14).

Perro, símbolo de impureza y apostasía. (Prov. 26:11; Fil. 3:2; Apoc. 22:15). También de vigilancia. (Isaías 56:10).

Piedras preciosas, símbolo de magnificencia y hermosura. (Apoc. 4:3, 21; Exo. 28:17; Eze. 28:13).

Polvo, fragilidad del hombre. (Ecle. 3:20; Job 30:19).

Primogénitos, éstos tenían autoridad sobre sus hermanos menores; eran los sacerdotes de la familia, y consagrándose a Dios, santificaban su familia por esta consagración; les tocaba doble parte de la herencia. Simbolizan de cierto modo a Cristo. (Gén. 20:37; Exo. 24:5; 13:1, 13; Deut. 21:17; Heb. 2:10, 11; 3:1; Col. 1:12).

Puerco, impureza y gula. Mateo 7:6.

Puerta, sede del poder, poder. Juan 10:9.

Púrpura, lo real, lo romano. (Dan. 5:7; Apoc. 17:4).

Querubines, símbolo, creen unos, de la gloria soberana de Dios; en el Apocalipsis, de los redimidos; y según otros, de las perfecciones de Dios, manifestadas bajo sus diversas formas. (Véase Gén. 3:24; Ex. 25:18, 22; 37:7, 9; Lev. 16:2; Núm. 7:8, 9; 1ª Rey. 6:23; 8:7; 2ª Crón. 3:10, 13; Eze. 1:10) .

Rama, rama o vástago, símbolo de hijo o descendiente.

Ranas, símbolo de enemigos inmundos e impudentes. (Apoc. 16:13).

Roca, fortaleza, abrigo, refugio.

Sal, conservación, incorrupción, permanencia.

Sangre, vida. Gén. 9:4.

Sardio, amor.

Sardónica, ternura, pena, purificación.

Siega, consumación de todo; también oportunidad actual.

Siega, época de la destrucción. (Jer. 5:33; Isa. 17:5; Apoc. 14:14-18). La hoz de la siega representa el medio de destrucción. (Joel 3:13). La siega (mies) es también, símbolo del campo para los trabajos de la Iglesia. (Mat. 9:37).

Siete, número, como si dijéramos, divino; la suma de tres que simboliza la Trinidad y cuatro que simboliza el Reino de Dios en la tierra, y por lo tanto, la unión de lo finito y lo infinito. El Dios-Hombre, por ejemplo, se representa por los siete candeleros de oro. Este número ocurre con mucha frecuencia en la Escritura. Apoc. 4:5.

Terremoto, símbolo de agitación violenta en el mundo político o social. (Joel 2:10; Hag. 2:21; Apoc. 6:12).

Topacio, alegría del Señor.

Toro (novillo), símbolo de un enemigo fuerte y furioso. (Salmo 22:12; Eze. 39:18). Novillos indican el pueblo común, y los establos, casas o poblaciones. (Jer. 50:27).

Trompeta, señal precursora de acontecimientos importantes. (Apoc. 6:6).

Uvas, las maduras, símbolo de gente madura para el castigo (Apoc. 14:18); las recogidas, símbolo de gente llevada en cautiverio. (Jer. 52:2832).

Velo, del templo, cuerpo de Cristo. (Heb. 10:20).

Vestiduras, denotan cualidades interiores y morales; vestiduras blancas, símbolo de pureza de santidad y de felicidad. (Isa. 52:1; Apoc. 3:4; Zac. 3:3). Dar las vestiduras a alguien era señal de favor y amistad. (1ª Sam. 17:38).

Viento, recio, símbolo de conturbación; detenido, símbolo de tranquilidad. (Apoc. 7:1; Jer. 25:31, 33).

Viña, símbolo de gran fecundidad; vendimia, símbolo de destrucción. (Jer. 2:21; Oseas 14:7; Apoc. 14:18, 19).

Vírgenes, símbolo de siervos fieles que no se han manchado con la idolatría. (Apoc. 14:4).

Zafiro, verdad.

Zorra, engaño, astucia. Luc. 13:32.

Huelga decir que solo debe servirse de estas interpretaciones en el caso de usarse las palabras aclaradas en sentido simbólico, cosa que siempre se descubre mediante las reglas explicadas en las páginas anteriores de este libro.

SECCIÓN II

INTRODUCCIÓN BÍBLICA

Por Alice E. Luce

PREFACIO

Hay un refrán en Inglaterra que dice: "Bien empezado, medio acabado." Cuando principiamos el estudio de la Biblia, es de mucha importancia escoger y mantener la mejor actitud hacia ella— la actitud que nos habilitará para aprovechar al máximo sus verdades y sus enseñanzas. Con este fin dedicamos horas de estudio a los principios básicos que fortalecerán nuestra fe en la Palabra de Dios. ¿Por qué la llamamos así? ¿Cuál es la diferencia entre ella y los demás libros? ¿En qué idiomas fue escrita originalmente? ¿Cómo puedo creer que esta Biblia que tengo ahora en mi propio idioma es la misma que escribió Moisés o David o Pablo? ¿Cómo escribían esos hombres? ¿Cómo les reveló Dios su voluntad? ¿Puedo estar seguro de que lo que ellos escribieron es en verdad el mensaje de Dios para mí personalmente?

El doctor, el ingeniero, el carpintero, o el plomero en sus años de estudio no sólo tienen que aprender las teorías sino también cómo usar los instrumentos y herramientas correspondientes a su oficio. Y tú, querido lector, vas a prepararte para ser obrero del Señor Jesucristo, el Salvador que te redimió con su preciosa sangre. Con un corazón lleno de amor y gratitud hacia él, tú quieres traer a otras almas a sus pies divinos. Pero a tú derredor hay muchas personas de corazón duro, que hacen uso de argucias y sutilezas, mostrándose como sabios y declamando en contra de la Biblia, cuando quizás ellos ni siquiera la han leído. Tú te sientes a veces sin qué responder a ellos; y por eso estás dedicando ahora unos años al estudio de la Palabra de Dios, para que puedas obedecer el mandato de 1 Pedro 3:14, 15: "Mas también si alguna cosa padecéis por causa de la justicia, bienaventurados sois. Por tanto, no os amedrentéis por temor de ellos, ni os conturbéis, sino santificad a Dios el Señor en vuestros corazones, y estad siempre preparados para presentar defensa con mansedumbre y reverencia ante todo el que os demande razón de la esperanza que hay en vosotros."

Muchos aceptan las verdades bíblicas porque les fueron enseñadas por sus padres o sus maestros de Escuela Dominical. Pero los que van a ser obreros en la viña del Señor tienen que estudiar cómo dar respuesta de su fe, explicarla a otros, y refutar los argumentos de los opositores. En una palabra, no es suficiente que yo crea porque mis padres creyeron, sino que yo tengo que posesionarme de mi propia Biblia. Debo recibirla como el mensaje de Dios a los hombres, con la actitud de mente que dice: "Dios ha dado una revelación sobrenatural al hombre, y aquí la tengo en mis manos." El Creador ha dado una revelación general de sí mismo en la naturaleza: "Sus atributos invisibles, es decir su eterno poder y divinidad, desde la creación del mundo son claramente manifestados, siendo percibidos por medio de sus obras" (Romanos 1:20). Lo que tenemos en la Biblia, empero, es mucho más que eso. Es una revelación especial que fue hecha necesaria por la caída del hombre.

Cuando Dios andaba y hablaba con Adán y Eva en el jardín de Edén, él les podía revelar su voluntad, y ellos tenían perfecta comunión con él. Pero cuando escogieron el camino de Satanás y pecaron, esa comunión fue destruida, y ellos no podían sino esconderse entre los árboles. Dios en su infinita misericordia no desamparó a sus criaturas caídas, sino que aquel mismo día les mostró el glorioso plan de la salvación, por medio del cual el pecador puede ser redimido, perdonado, y restaurado a la comunión con su Creador, la cual fue quebrantada en el Edén. Todo esto es una revelación especial y sobrenatural, y la tenemos en la Biblia. Esta resumida en una PERSONA, y esa persona es el Hijo unigénito de Dios, nuestro Señor Jesucristo.

Suplico a cada lector que recorra todas las citas en este librito, porque mi espacio es tan limitado que me será imposible citar los versos, y tendré que imprimir solamente las citas. Ellas siempre son de mucha importancia, y el estudio del libro nunca podrá ser completo sin la lectura de todas las citas.

Alguien ha dicho que los dos ojos de la historia son la cronología y la geografía. Se ha usado también la comparación a un ropero lleno de ropa. Los eventos son los vestidos, y las fechas son las perchas en las cuales están colgados. Ve a tu ropero y saca todas las perchas. ¿Cual será el resultado? No te es posible aprender de memoria todas las fechas, pero tú te sorprenderás al ver cuántas te quedarán en la memoria si en verdad haces un esfuerzo sincero. Divide el tiempo A. C. en cuatro épocas, y aparta en tu memoria los eventos más importantes de cada una. Es una ayuda poner las fechas en tu mano, para grabarlas mejor en la mente. Coloca tu mano izquierda en la mesa, guardando una distancia igual entre todos los dedos. El dedo meñique, pegado a la mesa, representa el tiempo de Cristo, la fecha que divide el A.T. del N.T. Arriba tendrás cuatro espacios que representan los cuatro siglos A.C.

Para ejemplos de los eventos de la historia, vamos a poner a la extremidad de cada dedo el nombre de un hombre que vivía en aquella fecha. No será la fecha de su nacimiento ni de su muerte; pero si, él vivía en aquella fecha y puede ser un ejemplo de la historia. También pongamos un nombre a cada ángulo entre los dedos, representando la mitad de cada siglo Estos son los nombres para colocar: Fecha 500 A.C. **Esdras**; fecha 1000 A.C. **Salomón**; fecha 1500 A.C. **Moisés**; fecha 2000. A.C. **Abraham**; fecha 2500 A.C. **Noé**; fecha 3000 A.C. **Enoc**; fecha 3500 A.C. **Jared**, padre de Enoc; fecha 4000 A.C. **Adán**, a la extremidad del dedo pulgar.

Cuando nuestro Señor Jesucristo enseñaba en Palestina, él usaba las cosas comunes y bien conocidas para ilustrar sus lecciones. Te será una ayuda grande en todos tus estudios colocar tus pensamientos, tus ideas, tus doctrinas, y los versos que quieras retener en la memoria sobre alguna percha. He hablado ya de las fechas como perchas para colgar los eventos; pero hay otras clases de perchas que cada estudiante puede hacer en su propia mente. Por falta de espacio no puedo darte más ilustraciones de este método de aprender de memoria; pero el Señor te ayudará si procuras siempre conectar cada nueva idea con algo que ya conoces, con algún acontecimiento de tu vida, o con algo que ya está bien fijado en tu memoria. Dando gracias a Dios por todo lo que te ha revelado, tu oración continua será: "Enséñame lo que yo no veo" (Job 34:32).

Capítulo I
UNA MIRADA AL CAMPO

La Introducción Bíblica **general** es un estudio que investiga todas las cuestiones pertinentes a un entendimiento de la Biblia como nuestra regla de fe y conducta. Se distingue de la Introducción Bíblica **especial**, que incluye el mismo estudio de cada libro en particular. Así es que en este libro vamos a tratar solamente con nuestra actitud hacia toda la Biblia, su inspiración divina, su canon, sus idiomas, sus manuscritos, sus versiones, su autenticidad, su credibilidad, y su autoridad.

Cuando tú llegues al estudio de las Evidencias Cristianas, aprenderás más acerca de la revelación de Dios; pero aquí al principio mismo de tu curso de estudios bíblicos, es bueno aprender de memoria y apuntar en tu mente algunos puntos básicos acerca de ella. La palabra revelación en este librito se usa para describir la comunicación por Dios al hombre de aquellas verdades acerca de su carácter divino, sus planes, su voluntad, y la salvación del pecador que un hombre nunca podría alcanzar ni adivinar por sus propios esfuerzos. La revelación es algo sobrenatural, y sobrepuja todo lo que el hombre pudiera aprender de la naturaleza. La Biblia afirma ser esa revelación y lo es.

La palabra Biblia se deriva del griego "biblos", la corteza de la planta papiro, de la cual los egipcios hacían un material para escribir. Poco a poco se fue usando el nombre para libros hechos de esa corteza, y después para todos los libros, de cualquier material. Cerca de 400 D.C. Jerónimo llamó las Santas Escrituras "la biblioteca divina"; y desde ese tiempo los escritores cristianos han aplicado la palabra Biblia a la colección de todos los libros divinamente inspirados.

La Biblia se divide en dos **Testamentos**, palabra derivada del latín "Testamentum." Esta palabra en su sentido legal describe un documento dejado por un difunto acerca de la distribución de su propiedad. Pero en cuanto a la Biblia la palabra preferible es pacto, y en todos tus estudios será bueno acordarte que Dios hizo varios pactos (convenios o contratos) con la raza humana, y que el Nuevo Testamento nos describe el Nuevo Pacto, hecho por la sangre preciosa del Hijo de Dios, por medio del cual el pecador redimido se acerca a Dios y aprende a andar con él en obediencia y santidad. Jeremías 31:31-34; Hebreos 7:22; 8:6-13; 9:15; 10:16-18; 2 Corintios 3:6, 14.

El Antiguo Testamento contiene 39 libros, divididos en cinco divisiones: (1) **La Ley** o Pentateuco (cinco libros): Génesis, Éxodo, Levítico, Números, y Deuteronomio. (2) **Libros Históricos** (doce libros): José, Jueces, Rut, 1o. y 2o. de Samuel, 1o. y 2o. de los Reyes, 1o. y 2o. de Crónicas, Esdras, Nehemías, Ester. (3) **Libros Poéticos** (cinco libros): Job, Salmos, Proverbios, Eclesiastés, Cantar de los Cantares. (4) **Profetas Mayores** (cinco libros): Isaías, Jeremías, Lamentaciones, Ezequiel, Daniel. (5) **Profetas Menores** (doce libros): Oseas, Joel, Amós, Abdías, Jonás, Miqueas, Nahum, Habacuc, Sofonías, Hageo, Zacarías, Malaquías.

En la Biblia Antigua de los hebreos las divisiones eran tres: (1) Cinco libros que se llaman **La Ley**, y que corresponden con los nuestros. (2) Ocho libros que se llaman **Los Profetas**, y fueron clasificados así: (a) Profetas Anteriores: Josué, Jueces, Samuel, Reyes. (b) Profetas Posteriores: Mayores: Isaías,

Jeremías, Ezequiel; **Menores:** un libro llamado "Los Doce." (3) **Las Escrituras,** o Salmos, constando de once libros divididos así: (a) Poéticos: Salmos, Proverbios, Job. (b) Cinco Rollos: Cantar, Rut, Lamentaciones, Eclesiastés, Ester. Estos rollos se leían en cinco Fiestas hebreas: Cantar de los Cantares en la Pascua; Rut en Pentecostés; Eclesiastés en Enramadas; Ester en Purim; y Lamentaciones en el aniversario de la destrucción de Jerusalén. (c) Históricos: Daniel, Esdras y Nehemías (un libro), Crónicas.

Cristo mismo mencionó estas tres divisiones del A.T. en Lucas 24:44 y en Mateo 23:34-36; Lucas 11:49-51. El puso su sello divino sobre la autoridad de todo el A.T. desde Génesis hasta Crónicas (su último libro entre los judíos). Los 24 libros de los hebreos son iguales con los 39 que tenemos en las iglesias cristianas, solamente, que son divididos de otra manera. Esta división en 39 libros fue hecha en la traducción del A.T. en griego, cerca de 280 A.C.

El Nuevo Testamento contiene 27 libros, que pueden dividirse así: (1) Históricos (cinco libros): Mateo, Marcos, Lucas, Juan, Hechos. (2) **Doctrinales** (21 libros): (a) Epístolas de Pablo (14): Romanos, 1a. a los Corintios, 2a. a los Corintios, Gálatas, Efesios, Filipenses, Colosenses, 1a. a los Tesalonicenses, 2a. a los Tesalonicenses, 1a. a Timoteo, 2a. a Timoteo, Tito, Filemón, Hebreos. (b) Epístolas Generales (7): Santiago, 1a. de Pedro, 2a. de Pedro, 1a. de Juan, 2a. de Juan, 3a. de Juan, Judas. (3) **Profético:** Apocalipsis.

Hubo probablemente de 35 a 40 escritores de los libros de la Biblia. Cuando fueron escritos no tenían las divisiones en capítulos y versos. Se cree generalmente que fue Esteban Langton, Arzobispo de Canterbury, Inglaterra, que dividió toda la Biblia en capítulos cerca de 1220 D.C. Los versos fueron probablemente divididos por Roberto Stephanus de París en 1551. Este era impresor, y sacó a la luz la primera Biblia con capítulos y versos en el año 1555. Era la Versión Vulgata en latín. La primera Biblia en inglés impresa con capítulos y versos fue publicada en 1560. La Biblia entera, o porciones de ella, ha sido traducida en más de mil idiomas, y el número de versiones está aumentándose de año en año. Cuando un misionero va a trabajar entre un pueblo primitivo cuyo idioma nunca ha sido escrito, su primera tarea es reducir el idioma a la escritura; y entonces tiene que traducir el mensaje de Dios, para que los conversos puedan aprender a leerlo. Se calcula que hasta la fecha 1975 solamente un poco más de la mitad de los habitantes del mundo saben leer. ¿No debemos orar más que nunca por los obreros que pueden reducir idiomas a la escritura y traducir la Palabra de Dios, que él envíe muchos más de ellos entre las multitudes que no tienen la Biblia, y que su trabajo duro sea hecho con prontitud?

El A.T. fue escrito en hebreo, con excepción de los pasajes siguientes: Esdras 4:18 hasta 6:12; 7:12-26; Daniel 2:4 hasta 7:28; Jeremías 10:11 y dos palabras en Génesis 31:47, que fueron escritos en arameo. El N.T. fue escrito en griego, no en la lengua elevada de los sabios y eruditos, sino en lo que se llamaba koiné, el griego de la plebe, los comerciantes, y los estudiantes, el idioma que todos usaban en sus relaciones diarias y todos podían comprender. En el tiempo de Cristo los romanos dominaban el mundo entonces conocido; pero su idioma (latín) nunca reemplazo el griego que (antes de las conquistas romanas) se había esparcido en todos los países. Pues en los tres idiomas de la Biblia podemos ver su mensaje divino dirigido en hebreo a los judíos, en arameo a los gentiles, y en griego a los cristianos de esta dispensación de gracia. Véase 1 Corintios 10:32.

En nuestro estudio como obreros debemos acordarnos de que debemos mucho a nuestro ambiente espiritual—padres y maestros piadosos, una herencia de siglos del cristianismo, etc.—y nunca faltar en simpatía hacia los que no han tenido ese ambiente, sino una herencia de paganismo, escepticismo, idolatría, ignorancia, u opresión. Debemos procurar explicar los principios básicos de nuestra fe en palabras sencillas y convincentes, y tener mucha paciencia con ellos si no aprenden muy pronto. Podemos ver en todas partes del mundo la influencia de la Biblia (por ejemplo el tratamiento de las mujeres, la abolición de la labor infantil y la esclavitud, el cuidado de los enfermos, el tratamiento de los prisioneros), y notar las costumbres en lugares donde no ha entrado todavía. Lo que la Biblia ha hecho en el pasado puede hacer hoy y mañana, y ella no ha perdido nada de su poder.

Nota: Las preguntas sobre este capítulo figuran al final del libro.

Capítulo II
LA INSPIRACIÓN
DE LA BIBLIA

Cuando comenzamos a estudiar la Biblia, debemos recordar el hecho de que es la Palabra de Dios en un sentido especial, el único libro escrito por la inspiración directa del Espíritu de Dios— y esto la distingue de todos los demás libros del mundo. Al mismo tiempo debemos acordarnos de que hubo un elemento humano en la escritura de ella. El Espíritu Santo la inspiró, pero manos humanas la escribieron. De modo que Jesucristo, el Verbo, o la Palabra viviente, es divino-humano, así la Biblia, la Palabra escrita, es divina-humana. Jesús vino al mundo, el Verbo se hizo carne, para revelar el Padre a los hombres. Y la Biblia nos ha venido de Dios, vestida con los pensamientos y el lenguaje humano, para revelarnos la voluntad de él.

La palabra inspiración representa la acción de soplar adentro. Job 32:8; 2 Tim. 3:16. La frase "inspirado de Dios" ha sido traducida "lleno del aliento de Dios." Juan 6:63; Hebreos 4:12. La inspiración que reclama la Biblia es el soplo de Dios que entra en los hombres, capacitándoles así para recibir y comunicar el mensaje divino. Era la obra del Espíritu de Dios en los hombres lo que les hizo capaces de recibir y comunicar las verdades divinas sin posibilidad de error. Hace al hombre inspirado infalible para hablar o escribir lo que el Espíritu Santo le dio, ora que expresase verdades anteriormente conocidas o no. En fin esta inspiración divina lleva al libro más allá del conocimiento o poder humano y da a la Biblia una autoridad que no tiene ningún otro libro. Nuestra creencia en la inspiración plenaria de la Biblia es principio básico de nuestra fe. El cristianismo es una religión sobrenatural. Nos obliga a creer que Dios ha hablado al hombre. Él ha intervenido en la carrera pecaminosa del hombre con el fin de salvarle. Él ha intervenido de una manera sobrenatural, fuera de su tratamiento normal del universo. No estamos hablando del intercambio de Dios con el hombre en la naturaleza, de su providencia, su cuidado, ni su omnisciencia. Es algo más. Tú debes comenzar tu estudio de la Biblia con un corazón y una mente que dice: "Dios me ha hablado en su Hijo unigénito, el Señor Jesucristo; y en la Biblia tengo la historia infalible de todo lo que él puede hacer para la raza humana." Hebreos 1:1-3; Juan 1:1-4.

Hay una diferencia entre la inspiración y la revelación. Por ejemplo, yo pierdo un peso en un cuarto, y lo busco con diligencia. El Espíritu de Dios puede ayudarme a hallarlo si está allí, y eso puede asemejar su obra en la inspiración, dirigiendo al escritor a escoger y relatar las cosas que son ya conocidas, como hizo Lucas. Lucas 1:1-4. Pero en la revelación es algo más, porque en ella Dios da al hombre las cosas que no se conocían antes, y cosas que él de ningún modo podría descubrir sin la obra sobrenatural del Espíritu de Dios. Alguien ha dicho: "La revelación descubre nuevas verdades a los hombres (1 Corintios 2:10, 11), y la inspiración les guía y controla en publicarlas." 1 Corintios 2:12, 13.

Debemos distinguir también entre la inspiración y la iluminación. Hablamos de la iluminación que recibe algún músico o poeta ilustre; pero eso no es la inspiración infalible que se daba a los escritores de la Biblia. Nosotros mismos podemos ser iluminados por el Espíritu de Dios cuando estamos estudiando o predicando las escrituras de Pablo; pero eso no constituye la inspiración divina que él tenía en escribirlas. La inspiración de la Biblia difiere en cualidad y no sólo en cantidad de lo que puede recibir todo cristiano; es de una clase especial. Los escritores mismos afirman en todas partes del libro que Dios hablaba por medio de ellos. 2 Samuel 22:1, 2; 1 Crónicas 28:19.

No toda la Biblia fue revelada por Dios a los escritores: pero sí, toda la Biblia fue inspirada por él. Como ejemplos de las partes que fueron dadas por revelación podemos citar los primeros capítulos del Génesis, y la muerte de Moisés. Como ejemplo de hechos conocidos que el Espíritu Santo enseñó a los escritores a escribir, podemos mencionar el relato que Moisés hizo de los viajes entre Egipto y Canaán, y varias listas cronológicas que han sido copiadas de documentos ya en existencia. Nadie puede decir exactamente cuántas partes de la Biblia necesitaban revelaciones divinas; pero se extienden a su historia, su poesía, su profecía, y su doctrina. Amós 3:7; Génesis 40:8; 41:16, 38, 39; Daniel 2:19, 28-30; Gálatas 1:11, 12; Efesios 3:3-7; Apocalipsis 1:1, 2; Juan 21 :24-25.

La profecía es un mensaje de Dios por medio de un profeta, no siempre de predicción, pero siempre de proclamación de la voluntad del Señor. "El profeta era un interlocutor—uno que hablaba en nombre de Dios. Su misión era la de un intérprete, un testigo. "Tu hermano Aarón será tu profeta. Él hablará por ti al pueblo" (Éxodo 7:1; 4:16). En relación a Dios él era uno escogido para recibir una revelación de la voluntad divina y entonces proclamarla a otros. Amós 3:8. A veces la verdad que él recibía tenía referencia al pasado, a veces al presente, y a veces al futuro. El profeta era el historiador que registraba e interpretaba lo pasado a la luz del propósito divino. Era el predicador que revelaba y aplicaba la voluntad de Dios a las condiciones actuales en su día. Era también el heraldo, proclamando y recalcando la inminencia de los juicios y de las bendiciones del Señor." Así tanto las palabras habladas como las escritas por un verdadero profeta de Dios fueron dadas por la inspiración del Espíritu de Dios. 1 Samuel 9:9; Jeremías 1:12-19; 23:16 40; Ezequiel 2:7; Jonás 3:2.

Hay que acordarse de la distinción entre declaraciones y el

registro o crónica de las declaraciones. La Biblia no miente, pero relata muchas mentiras. Dice que el insensato ha dicho en su corazón que no hay Dios (Salmo 14:1). Los que leen de una manera descuidada han dicho que la Biblia enseña que no hay Dios. Pero no es así. Otro ejemplo podemos citar de 1 Samuel 31:3-5; 2 Samuel 1:6-10. La Biblia no dice que el mancebo amalecita mató a Saúl, sino que relata que él dijo que lo había hecho; y del capítulo anterior sabemos que él dijo una mentira.

Teorías erróneas de la inspiración

1. **Inspiración natural** es la teoría que enseña que la Biblia fue escrita por hombres buenos y sinceros que tenían genio especial, o fuerza intelectual extraordinaria. Los hace iguales con Milton, Shakespeare, y otros escritores famosos. Esto no podemos aceptar, porque niega lo sobrenatural y reduce a los escritores bíblicos al mismo nivel que cualquier otro historiador humano.

2. **Grados de Inspiración** es la teoría que dice que algunas partes de la Biblia, las más importantes, son plenamente inspiradas de Dios, otras en un grado inferior, y otras partes son meramente palabras humanas. En contradicción podemos decir que el Espíritu de Dios no inspira una parte de un mensaje sino el mensaje entero. ¿Quién podría juzgar cuáles partes de la Biblia fueron inspiradas y cuáles no? Mira 2 Timoteo 3:16.

3. **Universal inspiración cristiana** es la teoría que reclama una inspiración igual para todos los escritores cristianos. Esto es muy sutil, y engaña a muchos, porque es verdad que el Espíritu de Dios puede iluminar y ayudar a todos los hijos de Dios, pero no en el sentido sobrenatural como lo hizo con los escritores de la Biblia. Compara los escritos de los Padres de la iglesia primitiva con las Epístolas de Pablo, y nota la gran diferencia. Ellos, sí recibían la iluminación del Espíritu, pero no la plena inspiración.

4. **Inspiración de conceptos o ideas** es la teoría que enseña que no fueron las palabras sino solamente las ideas o los pensamientos lo que dio Dios, y después los hombres falibles los

expresaron en sus propias palabras. Muchos de los críticos destructivos adoptan esta teoría, porque les permite rechazar todo lo que no les gusta. Pero el Dios infalible no escribe libros con errores. Si tan sólo los conceptos fueron de Dios, entonces el libro no tiene ninguna clase de inspiración.

5. **Dictado verbal**, o la teoría que hace a los escritores como el secretario de algún comerciante que toma dictado, escribiendo cada palabra de su jefe sin usar su propia mente. Esta teoría hace al hombre una máquina, un agente, pasivo, y aunque enseña la inspiración de las palabras, no deja lugar para la inspiración del escritor. El Espíritu Santo no inspiraba las meras palabras sino también a los hombres que usaban las palabras.

En meditar sobre todas estas teorías, debemos procurar acercarnos más a Dios para comprender sus enseñanzas y evitar los errores a ambos lados. La Biblia debe ser tratada con suma reverencia y estudiada con mucho esmero. Sin embargo no afirmamos que todas las partes son de igual importancia, aunque todas son igualmente inspiradas. Por ejemplo, recibo una carta de mi madre, en la cual me habla de haber hecho varios quehaceres de la casa, como hecho el pan, lavado las ropas, limpiado las ventanas, o pintado las sillas. Después me dice cómo Dios está bendiciendo en las cosas espirituales, y me anima a mí a seguir a mi Salvador con una consagración entera, y a dedicar toda mi vida a su servicio. Todos convendrán en que la segunda parte de la carta es de más importancia que la primera; pero todo es igualmente la carta de mi madre, y escrita por su propia mano. Esto es lo que queremos decir cuando reclamamos una inspiración igual para todas las partes de la Biblia.

La inspiración plenaria

El hecho de la inspiración de la Biblia nos es revelado desde su principio hasta su fin; y el testimonio del Espíritu de Dios en el creyente lo confirma y lo asegura, sin caber duda alguna. Pero el modo de la inspiración es un misterio que no puede ser exactamente definido por la pequeña inteligencia humana, porque es cosa divina. De la manera que la persona de Cristo, el

Dios-Hombre, es inescrutable, y "nadie conoce al Hijo sino el Padre" (Mateo 11:27), así nadie puede explicar exactamente la relación entre los dos elementos—el divino y el humano—en el Libro de Dios. Pero el alma reverente, conociendo a Cristo como su Salvador y amándole fervientemente, reconoce a la vez su Palabra escrita, y la recibe como la revelación de Dios, aunque no puede explicar detalladamente el misterio de su inspiración. Todo depende de nuestra actitud hacia él; y si le aceptamos a él como nuestro Señor, aceptamos también su Palabra.

La inspiración que la Biblia reclama para sí misma es que los hombres santos escribieron con sus propias manos y en sus propias palabras, demostrando cada uno su propio estilo, pero bajo una influencia tan poderosa del Espíritu de Dios que lo que han escrito (en los idiomas originales) es la Palabra misma de Dios; y el Libro entero constituye para la raza humana una regla infalible de fe y de conducta.

La inspiración plenaria (llena, completa) enseña que todas las partes de la Biblia son igualmente inspiradas, incluyendo su historia, poesía, profecía y doctrina. No afirma que los escritores eran máquinas, sino que hubo una cooperación vital y continua entre ellos y el Espíritu de Dios que les habilitaba. Ellos estaban tan plenamente rendidos a él que pensaban como él, y escribían exactamente lo que él les guiaba a escribir. Solamente un hombre así inspirado vitalmente por el Espíritu Santo podía detenerse de repente y decir: "Mas esto digo por vía de concesión," como Pablo en 1 Corintios 7:6,10, 12.

El Espíritu Santo moraba en los escritores de la Biblia, los dirigía en sus procesos de meditación y de composición, en una manera libre que daba lugar para que la personalidad del escritor se manifestase por medio de las facultades mentales. Así es que Pablo no escribe en el mismo estilo que Pedro, e Isaías usa palabras distintas de las de Amós; aunque todos igualmente han escrito las palabras de Dios. Todo escritor bíblico tenía su propio estilo, su propio concepto de la verdad divina, su propio modo de razonar, y usó su propia memoria y los varios métodos de conseguir información, como manifiesta Lucas en el prólogo de su Evangelio. Lucas 1:1-4.

Aquí vemos el elemento humano en la inspiración verbal: el escritor que averigua los manantiales de su información, que escucha los informes de los testigos de vista, y coordina una relación de las cosas que apelaron a sus facultades razonadoras como dignas de creencia. Pero todo esto acontecía bajo el poder y dirección del Espíritu Santo quien guardaba a los escritores de hacer el más mínimo error; y fue así una cooperación preciosa de lo humano con lo divino.

El elemento divino en la inspiración se describe gloriosamente en 2 Pedro 1:20, 21 y 2 Samuel 23:1, 2. No por esfuerzos humanos ni de la voluntad del hombre fue traída la Palabra en ningún tiempo; sino que hombres santos y rendidos fueron movidos (impelidos, como por un viento tempestuoso) por el Espíritu Santo. Así todos sus pensamientos y el movimiento de sus manos en escribir fueron dirigidos por el bendito Espíritu de Dios; y el resultado de esa gloriosa cooperación entre Dios y el hombre es que tenemos un Libro autorizado, uno en el cual podemos poner toda nuestra confianza por esta vida y la venidera. Cada palabra de la Biblia, desde el Génesis hasta el Apocalipsis, fue inspirada por Dios, y no hay errores ni mentiras en ella.

En resumen podemos presentar estos puntos acerca de la Inspiración verbal plenaria: (1) La Biblia registra la revelación de Dios al hombre, y esa revelación se puede resumir en una PERSONA, el Señor Jesucristo. (2) Para gozarse de su revelación es preciso conocerle a él y vivir en comunión con él, porque el hombre carnal no puede comprender las cosas de Dios. 1 Corintios 2:12-16; Mateo 11:25-27. (3) La inspiración de la Biblia abarca todas las ideas y las palabras de los libros originales. (4) Cesó cuando ellos fueron completados; y después ni los mismos escritores ni otros siervos de Dios pueden ser llamados hombres inspirados en el mismo sentido. (5) La inspiración que tuvieron para escribir la Biblia no les hacía máquinas, tampoco daba lugar para errores: sino que dio como resultado en una continua cooperación entre Dios y los hombres que mantenía el elemento humano y el elemento divino y hacía a la Biblia un libro divino-humano. (6) Nuestra creencia en la inspiración verbal plenaria no nos enseña que todas las partes de la Biblia son de igual importancia, sino que todas son igualmente inspiradas.

Nota: Las preguntas sobre este capítulo figuran al final del libro.

Capítulo III
LA INTERPRETACIÓN
DE LA BIBLIA

El interpretar significa explicar o aclarar el sentido. Tras de la interpretación yace el proceso de indagación. Uno tiene que examinar la Biblia antes de explicarla. Pues la primera pregunta debe ser: "¿Qué dice?" y la segunda "¿Qué significa?" Muchos de los errores de interpretación han procedido de la negligencia en averiguar principalmente lo que dice la Biblia. Acordémonos de que es un libro escrito para toda la raza humana, para los pobres e ignorantes lo mismo que para los ricos y educados. El mensaje del amor de Dios hacia el pobre pecador no fue escrito en el lenguaje de los colegios y universidades que la gente común no pudiese comprender. Al contrario, fue escrito en lenguaje tan simple y sencillo que un niño puede comprenderlo, y se esconde de los sabios y sagaces de este mundo que no quieren humillarse para aprender de Dios. Mateo 11:25.

Notemos algunas reglas para la interpretación de la Biblia que nos ayudarán a comprender cuáles son los requisitos para explicarla bien:

1. Acepta el sentido literal de las palabras. La tendencia de

hoy día es el tornar toda la historia de la Biblia en alegorías; y los modernistas lo hacen con el fin de quitar lo milagroso, porque no creen que Dios puede hacer maravillas. Hay partes de la Biblia que son alegorías, y contiene muchas parábolas y símbolos; pero la Biblia misma nos dice siempre cuando es alegórica. Por ejemplo, en Apocalipsis 17:1-5 se ve una mujer sobre cuya cabeza está escrito: "un misterio," BABILONIA LA GRANDE. De eso podemos entender que el pasaje es alegórico, y que no fue una mujer literal sino un símbolo de una mujer mala que vio Juan en la visión. Pero en Lucas 16:19 Jesús dice: "Había un hombre rico"; de lo cual entendemos que él estaba contando una historia verídica y no una parábola. 2. **Compara un pasaje con otro.** Muchos errores han sido fundados sobre textos de la Biblia sin referencia a otros pasajes que prueban que la interpretación es errónea. El Espíritu de Dios nunca se contradice; pues al establecer cualquier doctrina es preciso comparar todos los pasajes que hablan del mismo asunto, para averiguar toda la enseñanza.

3. **Acuérdate del fin o propósito de las Escrituras.** "...las Sagradas Escrituras, las cuales te pueden hacer sabio para la salvación por la fe que es en Cristo Jesús. Toda la Escritura es inspirada por Dios, y útil para enseñar, para redargüir, para corregir, para instruir en justicia, a fin que el hombre de Dios sea perfecto, enteramente preparado para toda buena obra." (2 Timoteo 3:15-17). "Hizo además Jesús muchas otras señales en presencia de sus discípulos, las cuales no están escritas en este libro. Pero éstas se han escrito para que creáis que Jesús es el Cristo, el Hijo de Dios, para que creyendo, tengáis vida en su nombre" (Juan 20:30, 31). La Biblia no es un libro científico, tampoco es un libro de historia, aunque contiene muchas verdades científicas y muchos datos históricos. Pero su fin nunca ha sido el de enseñar la historia ni la ciencia, sino enseñar al hombre cómo acercarse a Dios y andar con él en una vida de santidad. Con este gran fin todas sus biografías, sus historias, y sus enseñanzas son coordinadas. Pues en la interpretación de cada página debemos esperar algo para acercarnos a Dios y enseñarnos más de él.

4. Examina siempre el contexto de un pasaje. Hay palabras y frases que son usadas en distintos sentidos en la Biblia; y el sentido correcto se puede distinguir por escudriñar el contexto, o lo que precede y lo que sigue a dicho pasaje o texto. Por ejemplo, muchos han aplicado a las glorias del cielo las palabras de 1 Corintios 2:9; "Cosas que ojo no vio, ni oído oyó ni han subido en corazón de hombre, pensamiento humano— son las que Dios ha preparado para los que le aman." Pero cuando se lee el verso siguiente, es evidente que no se refieren a la vida futura sino a esta misma vida, y describen las gloriosas bendiciones espirituales que Dios ha preparado para los que reciben la plenitud de su Espíritu.

5. Acepta la Biblia como una revelación de Jesucristo. Jesús vino en forma humana para manifestarnos al Padre; pues él se llama el Verbo o la Palabra de Dios. La Biblia es la Palabra escrita; y de modo que el cuerpo humano de Jesús manifestaba al Trino Dios, así la Biblia lo manifiesta y lo revela en todas sus partes, así en la historia y la poesía como en los Evangelios y las Epístolas. Toda interpretación que milita en contra del Espíritu o de las enseñanzas de Cristo no puede ser correcta, porque todo el Libro lo revela a él. Al leer y estudiar la Biblia es un buen plan buscar a Cristo en cada página.

6. No esperes siempre comprenderlo todo. De modo que Jesús, el Dios-Hombre, es inescrutable e incomparable por la mera sabiduría humana, así su Palabra es muy alta en su divina enseñanza, y la mente humana no es capaz de comprender todas sus profundidades. Dios ha prometido revelarlo todo por medio de su Espíritu al alma humilde que viene como un niño a los pies de Cristo. Pero aun al creyente bautizado con el Espíritu Santo, el conocimiento de la interpretación de la Biblia no viene en un momento. Somos tan tardos de corazón para aprender que muchas veces aprendemos muy despacio— "Porque mandamiento tras mandamiento, mandato sobre mandato, renglón tras renglón, línea sobre línea, un poquito allí, otro poquito allá." (Isaías 28:10). Además hay misterios y cosas profundas en su Palabra que nunca podremos comprender hasta que le veamos cara a cara. "Las cosas secretas

pertenecen a Jehová nuestro Dios; mas las reveladas son para nosotros." (Deuteronomio 29:29). "Ahora vemos por espejo, oscuramente; mas entonces veremos cara a cara. Ahora conozco en parte; pero entonces conoceré cómo fui conocido." (1 Corintios 13:12) "...y aún no se ha manifestado lo que hemos de ser; pero sabemos que cuando él se manifieste, seremos semejantes a él, porque le veremos tal como él es." (1 Juan 3:2).

El Señor quiere que pongamos todas nuestras fuerzas intelectuales y nuestra mayor atención en el estudio de su Palabra como el minero que cava para buscar el oro o la plata; y sin embargo no debemos desmayar si no podemos conseguirlo todo en un momento. "Hijo mío si recibieres mis palabras, y mis mandamientos guardares dentro de ti, haciendo estar atento tu oído a la sabiduría; si inclinares tu corazón a la prudencia, si clamares a la inteligencia, y a la prudencia dieres tu voz; si como a la plata la buscares, y la escudriñares como a tesoros, entonces entenderás el temor de Jehová, y hallarás el conocimiento de Dios." (Proverbios 2:1-5).

7. **Busca a cada paso la iluminación del Espíritu Santo.** No puede haber mejor ayuda en comprender un libro que el privilegio de preguntar su sentido a su autor mismo. El Espíritu Santo de Dios es el Autor de todas las Escrituras; pues si lo tenemos a él con nosotros siempre, podemos pedir su ayuda en la interpretación, y preguntarle a cada paso cuáles son las verdades especiales que quiere grabar en nuestra memoria. El que estudia la Biblia sin la iluminación del Espíritu de Dios está comiendo la cáscara de la sandía y tirando la fruta; está poniendo una lámpara en la mesa sin llenarla de aceite; está sacando su automóvil a la calle sin gasolina. El Espíritu se revela tan sólo al alma obediente que tiene la determinación de poner en práctica todo lo que aprende. Usemos siempre estas dos oraciones cuando acudamos a la Biblia: "Abre mis ojos, y miraré a las maravillas de tu Ley," y "¿Qué dice mi Señor a su siervo?" Entonces, "Haced todo lo que os dijere." Salmo 119:18; Josué 5:14; Juan 2.5.

El testimonio que la Biblia da de sí misma

Antes de dejar nuestro estudio de la interpretación bíblica, será bueno anotar algo acerca de la manera en que la Biblia misma da testimonio de su origen divino. Te recomiendo, querido lector, que aprendas de memoria con exactitud estos pasajes siguientes, porque tendrás que usarlos muchas veces en tu ministerio, y te serán como una columna fuerte en la defensa de tu fe en la Biblia: Hebreos 1:1, 2; 2:3, 4; 2 Timoteo 3:16, 17; 2 Pedro 1:19-21; Juan 10:34-36; 1 Pedro 1:10-12; 2 Samuel 23:1, 2. Vemos aquí que Dios habló a los hombres en el A.T. por medio de profetas, en los Evangelios por su Hijo, y después del Día de Pentecostés por medio de los escritores señalados e inspirados por Cristo mismo conforme a su promesa. Juan 16:12, 13; 1 Corintios 2:13. Esto da la autoridad de Cristo mismo a todos los libros del N.T.

Vemos también de esas referencias que Jesús dijo terminantemente que la Escritura no puede faltar. Eso da su sello de autoridad a todo el A.T. como los judíos lo tenían entonces, no dejando duda alguna acerca de su inspiración divina, su autenticidad, ni su credibilidad. Vemos también los usos espirituales y prácticos de las Escrituras a los que las aceptan como el mensaje de Dios a sus corazones. Se ve a la vez una nota de perplejidad en los que los escribieron, cuando Pedro nos dice que ellos inquirían al Señor acerca del tiempo del cumplimiento de sus profecías. El Espíritu Santo, que moraba en ellos, les daba visiones de un Salvador venidero que iba a sufrir, y también les mostraba el mismo Cristo que venía a reinar en gran poder y gloria. ¿Cómo podía ser eso? ¿Acaso podía el mismo Redentor prometido desde la caída del hombre en Edén, ser el Cordero manso que derramaba su sangre en una cruz, y a la vez que venía en toda su majestad a establecer su reino en toda la tierra? (Léase todo el libro de Isaías.)

Es una prueba marcada de la rendición completa de esos escritores que a pesar de esa incertidumbre en la mente, ellos seguían humildemente escribiendo lo que les daba el Espíritu sin quejarse de nada. Pedro no nos dice que Dios les explicó las dos Venidas del Salvador—la primera vez para morir, y la segunda vez para reinar—sino que nos revela la paciencia y la obediencia de ellos, cuando Dios les dijo que "no para sí mismos sino para nosotros ellos ministraban estas cosas." Eso les sirvió de consolación, aunque ni ellos ni los ángeles podían comprender lo que ahora nos ha sido revelado en los "postreros días."

En varias partes del A.T. encontramos una persona misteriosa que se llama el Ángel de Jehová. Era la Segunda Persona de la Trinidad, el Hijo de Dios, manifestándose en forma humana en los siglos antes que viniera a nacer como Niño en el pesebre de Belén. Esas manifestaciones en forma humana llamamos alumbraciones (o sombras) de la Encarnación. Génesis 16:10-13; 18:22; 22:11, 15; 32:24-30; Éxodo 3:2; Josué 5:13-15; Jueces 6:12-23; Isaías 63:9; Zacarías 1:11, 12; Malaquías 3:1. Este Ángel divino es la Persona a quien revelan las Escrituras. Alguien ha dicho que se puede resumir el A.T. en la palabra CRISTO—el Redentor prometido, revelado en figuras y tipos, por medio de cuyo Sacrificio (todavía no visto) los santos se salvaban. El N.T. se resume en la palabra JESÚS— el Salvador que vino y dio su vida en la cruz. Así tenemos la Biblia entera resumida en las dos palabras: CRISTO JESÚS. Su sacrificio en la cruz era y es el único medio de la salvación en cualquier edad; porque la cruz proyecta todos los siglos. Los que vivían antes de Cristo fueron salvos mirando su sacrificio hacia adelante; y todos los que hemos vivido después de su venida somos salvos mirando hacia atrás, al Cordero de Dios que quita nuestros pecados.

Nota: Las preguntas sobre este capítulo figuran al final del libro.

Capítulo IV
EL CANON DE LAS ESCRITURAS

La palabra canon se deriva del griego y significa una caña de medir o una regla. La usa la iglesia cristiana en el sentido de ser la regla, estatuto, o reglamento de lo que cree, especialmente en cuanto a los libros divinamente inspirados y aceptados como autorizados por la iglesia universal. La palabra se halla en tres pasajes del N.T. Gálatas 6:16; Filipenses 3:16; 2 Corintios 10:13-17. Fue Atanasio de Alejandría, cerca de 300 D.C., que primero aplicara la palabra canon al catálogo de libros inspirados de la Biblia.

El canon de las Escrituras del A.T. fue cerrado por Esdras y sus compañeros piadosos que formaron La Gran Sinagoga, cerca del 400 A.C. Lo dividieron en tres partes: (1) La Ley de Moisés; (2) Los Profetas; y (3) Los Salmos o Escrituras Santas. (Véase Cap. 1). El canon del N.T. fue fijándose poco a poco por la iglesia cristiana durante los primeros dos siglos D.C. Desde el principio los cuatro Evangelios, los Hechos, trece Epístolas de Pablo, 1 Pedro y 1 Juan eran aceptados como canónicos por todas las iglesias, y no hubo duda acerca de su inspiración ni de su autoridad. Acerca de Hebreos, Santiago, 2 Pedro, 2 y

3 Juan, Judas, y el Apocalipsis había poca duda en algunas iglesias. Podemos ver aquí con cuánto cuidado e investigación minuciosa la iglesia primitiva formaba su canon; y el hecho de que estos siete libros fueron últimamente aceptados como inspirados por todas las iglesias cristianas nos da mucha confianza en ellos. El canon de los 27 libros del N.T. fue confirmado por el Concilio de Cartago, 397 D.C.

Para formar un canon, es preciso tener lo siguiente: (1) Libros existentes. (2) Varios libros de un carácter semejante. No se puede hacer un canon de libros cuyas historias y doctrinas son distintas o contradictorias. (3) Una religión común. No se pueden proclamar dos religiones distintas en el mismo canon. (4) Una nación o un pueblo unido por sus instituciones religiosas y políticas. (5) Una literatura sagrada nacional. (6) Un sistema de fe y conducta nacional. No se halla un canon de las creencias o supersticiones meramente verbales. (7) Un idioma común. (8) El arte y practica de escribir.

Algunos preguntan: ¿Por qué es necesario tener un canon de las Escrituras Santas? Podemos contestar: (1) Primeramente para que tengamos una revelación completa de Dios. La Biblia es (en un sentido) un Libro, todo inspirado por Dios, que explica al hombre pecador el plan de la salvación y la voluntad del Señor para su vida. Pero cada libro por separado tiene su lugar, y la revelación no es completa sin todos ellos. (2) En segundo lugar, es necesario para que tengamos la revelación escrita. Cuando vivían todavía los profetas o los apóstoles, ellos enseñaban a sus discípulos, y el mensaje de Dios iba esparciéndose oralmente. Pero después de que ellos murieron, y cesó la inspiración divina, era preciso que las generaciones siguientes tuvieran el mensaje en forma permanente para ser preservado. En 302 D.C. el Emperador Diocleciano mandó destruir todos los libros y documentos cristianos. Pues cuán necesario era que todos los cristianos supiesen cuáles eran los libros inspirados, para esconderlos y protegerlos. (3) La tercera razón por qué necesitamos un canon de las Escrituras Santas es para excluir los muchos libros espúreos que fueron escritos en los siglos después de Cristo, pero según declaración de toda la iglesia no tenían las señales de la inspiración del Espíritu Santo. En 330 D.C. el primer emperador cristiano Constantino, mandó hacer 50 copias de las Escrituras para ser colocadas en las iglesias de Constantinopla; y por esa fecha fue claramente establecido cuales eran los 66 libros que constituían el canon del A.T. y del N.T.

En estas notas acerca de la Introducción Bíblica General no podemos explicar cómo cada libro fue investigado y aceptado como canónico, porque ese estudio viene en la introducción especial. Ahora empero vamos a dar unas notas acerca del tiempo cuando fue cerrado el canon del A.T. El cautiverio de Babilonia quitó la idolatría de la nación judía; y ellos volvieron a su país con un gran respeto por las Escrituras Santas y por sus líderes Zorobabel, Esdras, Nehemías, Hageo, Zacarías, y Malaquías. Lee con cuidado todo el libro de Nehemías, notando cómo la gente apreciaba la Palabra de Dios, y el espíritu de arrepentimiento y contrición que manifestaba en el capítulo 9, a pesar de que algunos habían traspasado los mandamientos de Dios contrayendo matrimonio con mujeres paganas.

Una cosa muy importante es que siempre nos acordemos de la obra continua del Espíritu Santo de Dios. Él no sólo inspiró a los escritores de los libros de la Biblia, sino también guiaba a los que arreglaron el canon y lo cerraron. Esdras, el dirigente de la segunda sección de la Vuelta del Cautiverio, no sólo era un sacerdote, sino también un hábil escriba, fundador del gremio de escribas que se conocían entre los judíos como abogados maestros, jueces, escritores, y copistas de las Escrituras, hasta el tiempo de Cristo. Esdras 7:6; 11:12, 21; Nehemías 8:1, 4, 8,13; 12:26, 36. Los últimos escritores del A.T. eran Nehemías y Malaquías. Todos los 39 libros del A.T. fueron escritos antes de 430 A.C. Desde entonces (como el historiador Josefo testifica) no fue añadido nada al canon del A.T.

Después de la ascensión de Cristo, cuando todos sus apóstoles estaban en el mundo, su mensaje se esparcía verbalmente dondequiera que viajaban los cristianos. Para ellos la Biblia consistía en el canon del A.T. redactado por Esdras y garantizado por Jesucristo mismo muchas veces durante su ministerio terrenal. Pero poco a poco aparecían nuevos libros relatando la vida y las enseñanzas de Jesús, y mientras más se extendía la iglesia cristiana, más necesidad había de esos libros. Podemos notar tres razones urgentes para un canon autorizado (1) El deseo de los cristianos de tener en un volumen, el relato de la vida y ministerio de su Salvador. (2) La existencia de libros espúreos que salieron a la luz aun en el segundo siglo D.C. enseñando doctrinas falsas. (3) La traducción de sus libros en otros idiomas. ¡Cuán importante, pues, que todos supiesen cuáles eran los libros canónicos, para excluir a todos los demás!

De los escritos de los Padres de la iglesia primitiva podemos notar las siguientes pruebas que usaban para declarar un libro canónico o no: (1) Si fue escrito por un apóstol o con su autoridad. (2) Si era leído en todas las iglesias y aceptado como inspirado (3) Si tenía ayuda y edificación para las necesidades espirituales del hombre. (4) Si toda la iglesia tenía el testimonio del Espíritu Santo que era autoritativo. Puestos a prueba de esta manera, los 27 libros que ahora tenemos en el N.T. fueron aceptados por todas las iglesias, y todos los demás libros rechazados.

Unas notas acerca de los libros apócrifos

La palabra apócrifa (adjetivo en griego) significa secreto u oculto, y muchas veces se usaba para las escrituras secretas de alguna secta que no revelaba sus más profundas enseñanzas sino a los adeptos. En la iglesia primitiva vino a significar las escrituras apocalípticas o difíciles de comprender; y más tarde las que eran espúreas, heréticas, o falsificadas. En una palabra, los libros apócrifos son los que han sido juzgados no canónicos por los judíos (hablando del A.T) y la iglesia cristiana. Los libros apócrifos del A.T. existentes todos en griego son 14: 1o. y 2o. de Esdras, Tobías, Judit, lo restante de Ester, la Sabiduría de Salomón, Eclesiástico, Baruch, y la Epístola de Jeremías, El Cantar de los tres jóvenes santos, la Historia de Susana, Bel y el Dragón, la Oración de Manasés, 1o y 2o. de los Macabeos.

De estos 14 libros la iglesia romana dice que 11 son canónicos, y éstos se imprimen en su Biblia, omitiendo la Oración de Manasés y los dos libros de Esdras. De los manuscritos más antiguos del A.T. algunos tienen ciertos de los libros apócrifos, pero no todos, y algunos los imprimen después del N.T. como libros útiles para la historia, pero no canónicos. De ésos los más importantes son los dos libros Macabeos que nos dan una historia clara y comprensiva de las guerras en Palestina que tuvieron lugar durante el periodo entre el A.T. y el N.T.

No se sabe con certidumbre quiénes eran los autores de los libros apócrifos, pero es probable que fueron escritos por judíos de Alejandría, con la excepción de los libros de Macabeos y Eclesiástico cuyos autores muy probablemente eran judíos de Palestina misma. La mayor parte de los eruditos creen que fueron escritos entre 200 A.C. y 100 D.C. Aunque estos libros no tienen la autoridad divina ni fueron aceptados como inspirados por la iglesia protestante, sin embargo ellos son de mucho interés para nosotros como una parte de la literatura antigua de los judíos. Ellos contienen muchas cosas absurdas, erróneas, y contradictorias; sin embargo nos describen una época en la historia judía cuando no había revelación divina, y nos revelan mucho acerca de la nación escogida, sus esperanzas y temores, sus guerras e historia, su filosofía y pensamiento durante esa época.

Otra cosa digna de mención es la influencia de estos libros sobre los escritores del N.T. Ninguno de éstos los trata como inspirados ni los incluye en el canon, pero es cierto que los leían, y probable que en Hebreos 11:34-38 el autor refería a los mártires de la guerra macabea. Los judíos en todas partes del mundo aceptan el mismo canon del A.T. como los protestantes, y ninguno de los libros apócrifos jamás fue incluido. Aparecen en la Versión Antigua Latina (150 D.C.), y en muchas copias de la versión de los Setenta; pero es probable que en la original de esta versión no fueron incluidos, sino que la LXX era una traducción en griego del hebreo solamente de los 39 libros que ahora tenemos en el A.T.

He aquí las 20 razones presentadas por H. S. Miller para rechazar los libros apócrifos del canon del A.T. (1) Todos están de acuerdo en que ellos nunca fueron incluidos en el canon hebreo. (2) Nunca fueron citados por nombre en el N.T. por Cristo ni por sus apóstoles, aunque ya existían. (3) Josefo, el historiador judío (100 D.C.), los omite, enumerando solamente los libros que los judíos consideraban ser inspirados por Dios. (4) Filón, el Judío, el gran filósofo de Alejandría (20 A.C. hasta 50 D.C.), escribió prolíficamente y citaba muy a menudo del A.T. pero nunca mencionó los libros apócrifos. (5) No se hallan en los catálogos de libros canónicos hechos durante los primeros cuatro siglos D.C. (6) Jerónimo (400 D.C.), declara que el canon hebreo consiste en los mismos 39. Había muchos tárgumes (traducciones del hebreo original), libros que nosotros tenemos en el A.T. y rechaza los libros apócrifos terminantemente. (7) Ellos mismos nunca reclaman la inspiración ni la autoridad divinas. (8) No tienen el elemento profético verdadero, ni hablan como un mensaje de Jehová. (9) Contienen muchos errores históricos, geográficos, y cronológicos; se contradicen a sí mismos, a la Biblia, y a historia profana. (10) Ellos enseñan doctrinas y aprueban prácticas en contra de las enseñanzas de la Biblia. Por ejemplo toleran la práctica de mentir, justifican el suicidio y el asesinato, y enseñan la justificación por obras o por limosnas, los encantamientos mágicos, los muertos que oran por los muertos, etc. (11) Se nota en su estilo una rigidez, falta de originalidad, y la calidad artificial que nunca se ve en los libros canónicos. (12) Mucha de su literatura es legendaria, de cuentos absurdos. (13) Los milagros que ellos relatan y las descripciones de seres sobrenaturales contienen mucho que es fabuloso, grotesco, y necio. (14) Aun lo que podemos llamar su nivel espiritual y moral está muy por debajo del de los libros del A.T. (15) Los libros apócrifos fueron escritos después del A.T. cuando su canon era ya cerrado, y sin embargo algunos de ellos profesan imitar si no tomar su lugar. (16) La iglesia primitiva declaraba que algunos de ellos contenían instrucción provechosa, pero nunca los hizo canónicos ni autorizados en cuestiones de doctrina hasta que la iglesia romana en su Concilio de Trento (1546 D.C.), por una mayoría pequeña los incluyó en su canon de la fe y pronunció maldiciones sobre todo aquel que no los aceptase como divinos. (17)

La iglesia cristiana, sucesora de la judía, recibió los 39 libros de los judíos y nunca los ha cambiado. (18) De las palabras mismas de Cristo y sus apóstoles vemos que ellos reconocían el canon ya fijo del A.T. y pusieron su sello sobre él. Mateo 23:35 cubre todo el A.T. desde Génesis hasta Crónicas (el último libro del A.T. en hebreo). (19) Había muchos tárgumes (traducciones del hebreo original en arameo) que los judíos imprimían con los libros del A.T. cuando el idioma de Palestina había cambiado tanto que era necesario interpretar los libros a los lectores y oyentes. Véase Nehemías 8:8. Pero ningún tárgum existe de los libros apócrifos (20) El estudiante de la historia nunca puede ponerlo al mismo nivel que los libros canónicos, porque siente una diferencia radical y espiritual entre ellos, y los libros apócrifos se condenan a sí mismos.

Podemos creer con toda seguridad que en el A.T. y N.T. tenemos ahora la plena revelación de Dios, que fue escrita y redactada bajo la inspiración directa del Espíritu de Dios, y que constituye la única Palabra de Dios, distinta de todos los demás libros del mundo. La preservación de los libros de la Biblia ha sido una de las maravillas de la historia. Moisés fue el primer escritor (Éxodo 24:4, 7; 34:27); y él puso el libro de la Ley al lado del Arca en el Tabernáculo. Deuteronomio 31:26. Josué escribió la historia de la muerte de Moisés, completando así el Pentateuco (los cinco libros de Moisés), y añadió el libro que lleva su nombre. Josué 24:26, 27.

Durante el reinado del cruel rey Manasés, probablemente los sacerdotes tuvieron que esconder las copias de la Biblia; y una de ellas fue descubierta en los días de Josías. 2 Reyes 21:16; 22:18. Esdras fundó el orden de escribas, que no solamente copiaban los manuscritos de los libros de la Biblia, sino que los guardaban y los explicaban también. Todos los cristianos debemos una deuda inmensa de gratitud a la nación judía por haber guardado los libros sagrados por tantos siglos.

Nota: Las preguntas sobre este capítulo figuran al final del libro.

Capítulo V
EL ARTE DE ESCRIBIR
SUS MATERIALES

Mira a un niño recién nacido. Cuando siente alguna necesidad, cuando le irrita algo, o tiene algún dolor, él grita, porque el grito es su único modo de expresarse. Más tarde el niño aprende a hacer uso de su ojos, y mira las cosas que le rodean. Aprende también a usar sus brazos, y cuando ve alguna cosa atractiva, extiende su mano hacia ella. Poco a poco, conforme al desarrollo de su cuerpecito, el niño aprende a hablar, que es una manera mucho más eficaz para expresar sus deseos y sus pensamientos.

Hay muchas tribus enteras en el siglo XX, que no han progresado más allá de esto. Tienen su idioma, y hablan entre sí; pero ése es su único modo de expresión. Se relata algo interesante acerca del principio de la obra misionera en las Islas Hébridas en el Pacífico del Sur. El misionero Juan Paton con su esposa estaban comenzando su obra en una isla de caníbales que no tenían lenguaje escrito, y los misioneros estaban procurando enseñárselo. El misionero estaba edificando una iglesia a cierta distancia de la choza donde vivía, cuando notó que no tenía su destornillador. Tomó pues un pedacito de madera y escribió una notita a su esposa, pidiendo la herramienta. Dio la tablilla a un mozo; pero éste preguntó qué tenía que decir a la señora. "No importa", dijo el misionero, "la madera le dirá."

El mozo incrédulo llevó la tablilla, la vio la señora, e inmediatamente le entregó el destornillador. Es increíble el resultado que hubo de este acontecimiento en toda la isla. La fama del misionero se extendió por doquier: "¡Él es un mago: puede hacer hablar la madera!" Sí, el arte de escribir es algo que sobrepuja al de hablar. El hombre que nunca ha oído de la escritura tiene sus pensamientos, y los expresa por medio de ademanes o de palabras. Cuando aprende a escribir, los expresa por medio de signos o símbolos. Una letra es un símbolo de un sonido; una palabra escrita expresa una idea; y una frase expresa un pensamiento.

Podemos notar tres grados en el desarrollo del arte de escribir. Primero se hacían cuadros toscos de los objetos mismos; pero eso no bastaba, y los hombres poco a poco comenzaron a hacer otra clase de cuadros para representar ideas; después otros que representaban sonidos. Estas tres clases de símbolos se llaman pictogramas, ideogramas, y fonogramas, y la escritura que se hace de este modo se llama pictografía. Los fonogramas, después se desarrollaron en tres clases: (1) Los de palabras, cuando cada símbolo representa una palabra entera, como la lengua china que requiere miles de símbolos porque hay miles de palabras. (2) Los fonogramas de sílabas, que requieren unos 500 símbolos como la escritura cuneiforme que fue usada en todas partes del mundo entonces conocido desde el tiempo de Adán hasta el imperio persa, aun después de la invención de la escritura alfabética. (3) Los fonogramas de letras, o el sistema alfabético, que reduce el número de símbolos a unos 30.

Un alfabeto es una lista de los signos que se usan para representar los sonidos elementales de cualquier idioma. La palabra se deriva del griego, en cuyo lenguaje alfa y beta son los primeros dos símbolos (como a y b en nuestro idioma). El alfabeto más antiguo ahora conocido es el de los fenicios que consta de 22 letras. De éste fueron poco a poco derivados el de los hebreos y otros semitas, también el de los griegos, romanos, alemanes, ingleses, y otros europeos. Muchos creen que en el principio los fenicios tomaron prestados sus 22 signos de los egipcios antiguos, que tenían varias clases de escritura. Nos causa sorpresa ver que tantas naciones por tantos siglos (3000 años) persistieron en el uso de la escritura cuneiforme que es muy incómodo y no adoptaron (especialmente para sus documentos gubernamentales) el sistema alfabético que economiza mucho el tiempo y el espacio.

Yo quiero que mi lector tome ahora un mapa de los países del A.T. que abarque el territorio en medio del Mar Negro y el Mar Mediterráneo en el oeste, el Mar Caspio y el Golfo Pérsico en el este, las Montañas de Ararat en el norte, y el desierto de Arabia en el sur. Estudia bien este mapa, acordándote que los imperios de antaño salían de las montañas del norte y del este y se esparcían sobre las llanuras, ola tras ola. Una civilización o imperio poco a poco se hacía débil, debido a la vida de más comodidades y menos guerra en las llanuras; y entonces pronto vendría otra ola de las naciones más robustas para conquistarlo y ocupar su lugar. Si te acuerdas bien de este giro de eventos, te será más fácil aprender de memoria los varios idiomas y sus cambios durante los siglos del A.T.

El imperio más importante de que se sabe algo unos cuatro mil años A.C. era el de los sumerios. Parece que dominaban un territorio inmenso, y que inventaron el sistema cuneiforme de escritura. Dibujaban sus cuadros toscos en barro blando con la punta de una caña. La tablilla de barro entonces fue horneada (de la manera que se hace ahora con ladrillos) y se hacía tan dura que no era posible quebrarla. Más tarde principió la costumbre de escribir con un punzón cuya punta era triangular; y al mismo tiempo la escritura fue simplificada de cuadros en cuneiforme con unos 600 símbolos que representaban sílabas y no letras.

El idioma semítico de más antigüedad es el lenguaje de los asirios que conquistaron a los sumerios y adaptaron su forma cuneiforme de escritura. Su idioma a veces se llama asirio y a veces babilónico. Después sucedió el imperio de los heteos, que

florecieron de 2000 hasta 1000 A.C. y usaron el mismo sistema cuneiforme, aunque en ese tiempo la escritura alfabética
también comenzó a usarse, venida de Egipto y Fenicia. Mira en
tu mapa las tres esferas de influencia: De Egipto y Fenicia en el
oeste, de Babilonia en el centro, y de Asiria en el este.

El segundo idioma del A.T. es el arameo, que usaba la forma
alfabética de escritura. Los medos hicieron un alfabeto de 39
signos, y los persas después de ellos usaban una escritura con
letras, aunque persistían en usar el cuneiforme en sus documentos gubernamentales. La mayor parte del A.T. fue escrita
en hebreo, que fue el idioma oficial de la nación judía. Era un
lenguaje compuesto, formado del fenicio, heteo, y cananeo; y
su escritura era casi idéntica a la de Fenicia. El hebreo fue
usado siempre por las clases cultas, aunque al fin del A.T.
hallamos la gente común hablando el arameo o siriaco. Es probable que la lengua de los judíos en el tiempo de Cristo fue el
arameo, y que ellos no entendían el antiguo hebreo mejor que
sus antepasados en el tiempo de Esdras y Nehemías (400
A.C.), cuando tenían que "aclarar el sentido" al leer el A.T.
(Nehemías 8:8).

Un libro es un registro de pensamientos en forma de palabras escritas o inscritas en cualquier material. Hemos hablado
de la escritura en tablillas de barro; y millones de esos libros,
grandes y chicos, han sido excavados por la pala del arqueólogo en los países bíblicos. Otros materiales usados en varios
siglos han sido metales, piedras, papiro, y papel. Cuando
Abram pasó de Ur a Canaán (2000 A.C.) él dejó una civilización en Babilonia en la cual cada casa tenía su propia biblioteca; y cuando visitó Egipto vio otra civilización antigua con sus
monumentos, obeliscos, templos, y sepulcros cubiertos de inscripciones. Cuando yo era niña los críticos modernistas estaban
burlándose de nosotros que creíamos lo que el A.T. mismo dice
acerca de su escritura, y ellos proclamaban a voz en cuello que
el arte de escribir no fue conocido en el tiempo de Moisés (1500
A.C.). Pero durante el medio siglo pasado la arqueología ha
producido millones de pruebas de la falsedad de sus acusacio-
nes en contra de la Biblia, para vergüenza eterna de los que

impugnan las verdades de la Palabra de Dios.

Es interesante notar algunas de las referencias a materiales para escribir en la Biblia misma: (1) **Tablillas de barro.** Ezequiel 4:1; Jeremías 17:13. Se puede comparar la mención de un "tiesto de olla" en Job 2:8, porque muchos de estos tiestos han sido excavados por los arqueólogos, usados por los pobres para anotar acontecimientos en sus vidas, cuando no podían comprar materiales más costosos. Un tiesto con palabras escritas se llama un ostracon, plural ostraca. Unos 20 de estos preciosos ostraca han sido descubiertos con palabras de los Evangelios en Griego. Es creído que eran escritos por cristianos pobres en el siglo VII. (2) **Piedra.** Muchas de las inscripciones sobre muros, pilares, obeliscos, etc., son tan antiguas como las tablillas de barro. Podemos mencionar tres piedras notables: (1) La roca de Behistun en Irán que dio la clave para descifrar todas las escrituras cuneiformes. (b) La piedra de Rosetta en Egipto que dio la clave para descifrar los jeroglíficos de Egipto. (c) La piedra de Moab, escrita por Mesa, rey de Moab cerca de 850 A.C. 2 Reyes 3:4. La escritura en piedras está mencionada en Éxodo 24:12; 31:18; 32:15, 16; Deuteronomio 6:22; 27:2-8; Josué 8:30-32. Nótese también en Josué 24:26, 27 cómo una gran piedra fue colocada como testigo, y Josué dijo que "ella ha oído todas las palabras", etc. En Habacuc 2:11 leemos que "La piedra clamará desde el muro, y la tabla del enmaderado le responderá." ¿Quién enseñó a Josué y a Habacuc los descubrimientos de la ciencia moderna, que todo sonido está encerrado en la materia que lo rodea, y nada se pierde? Así que en el día del juicio Dios solamente tendrá que mandar a los muros, paredes, montañas, rocas, etc., que reproduzcan los sonidos que ellos tienen almacenados, y los pecadores serán condenados por sus mismas voces.

(3) **Plomo.** Job 19:23, 24. Este metal fue hallado en muchos países y era muy útil para grabar inscripciones. (4) **Bronce,** una mezcla de cobre con estaño, fue usada mucho en el tiempo de Moisés, y fue empleada en las vasijas santas del Tabernáculo. Se usaba también para escribir diplomas y varios documentos públicos. (5) **Oro.** Éxodo 28:36. Se han excavado

muchas monedas, anillos, etc., de oro, con inscripciones. (6) **Plata.** Mateo 22:19, 20. La moneda del tributo, llamada **denario**, se hacía de plata. (7) **Joyas**, sobre las cuales se graban nombres u otras inscripciones. Éxodo 28:9, 11, 21; 39:6-14. (8) **Marfil**, en forma de tablillas, fue usado en partes de Europa. (9) **Madera.** Hay pruebas de que las hojas, la corteza, y aun la madera misma se usaban para escribir. Es interesante notar que la palabra "book" (libro) en inglés se deriva de "bark" (corteza), y prueba que la madera era uno de los materiales frecuentemente usados para hacer libros. (10) **Huesos** o cueros de animales. (11) **Cera**, en forma de tablillas. Isaías 8:1; 30:8; Habacuc 2:2; Lucas 1:63. Aunque no se menciona la cera, los estudiantes bíblicos creen que en todas estas referencias se habla de tablillas hechas de cera. (12) **Lino**, que fue usado por los egipcios, los romanos, y otras naciones más antiguas. Todos estos doce materiales fueron empleados en la vida diaria de las varias naciones para escribir sus cartas y documentos.

Ahora vamos a notar algo acerca de los materiales en los cuales la Palabra de Dios fue escrita en los manuscritos originales. Nadie sabe con certidumbre, porque no existe ahora ni un solo ejemplar de los originales. Hemos hablado ya de la costumbre antigua de escribir sobre tablillas de barro; y es posible que varios de los libros más antiguos de la Biblia fueron escritos de esta manera. Pero hay dos materiales más que debemos mencionar, es decir, el papiro y el cuero. Se sabe que el papiro era usado en Egipto por lo menos en el 2700 A.C. La planta de papiro crecía en aquellos días en las márgenes del rió Nilo. Del meollo de su tallo se hacía el material para escribir, en hojas de seis a quince a cuarenta cm. de largo y de ocho a veintidós cm. de ancho. Se hacían rollos de cualquier medida pegando las hojas una con otra.

El cuero se usaba en Egipto más o menos en la misma época que el papiro y muchos eruditos favorecen la teoría de que los manuscritos originales del A.T. fueron escritos en pieles de ovejas o cabras, por ser este material mucho más durable que el papiro. Se preparaba el cuero con mucho cuidado y se cortaban sus hojas a veces de cuarenta y cinco a setenta cm. de altura. Las hojas se cosían una con otra para proveer todo el espacio que se necesitaba para el libro; y con un palito a cada cabo se arrollaba. La escritura se arreglaba en columnas. Salmo 40:7; Jeremías 36:2, 6, 23, 29; Ezequiel 2:9; Zacarías 5:1, 2; Esdras 6:2. Todos los manuscritos hebreos que han sido hallados son rollos de sinagoga escritos sobre cuero, o copias privadas en forma de códices (manuscritos en forma de libros), estos últimos a veces escritos sobre lino o papel.

Es probable que los manuscritos originales del N.T. fueron escritos en papiro; pero pocos años después se usaban también la vitela y el pergamino, ambos hechos de cuero, pero de una clase especial. La vitela es el material más precioso, hecho de las mejores pieles de becerros o antílopes. El pergamino era casi la misma cosa, hecho de pieles de ovejas o cabras. La preparación de ambos se hacía con sumo esmero, para poderse escribir a los dos lados. En el primer siglo D.C. comenzó el uso de vitela en lugar de tablillas de cera entre los ricos; y por el siglo cuarto se reconoció el pergamino como el mejor material para escrituras permanentes, dejando el uso de papiro. Acuérdate de que hasta ahora estamos hablando de **manuscritos**, es decir, ejemplares de las escrituras copiadas a mano; y todavía no se había inventado el papel ni el arte de imprimir. El papel fue hecho en China en el siglo II A.C. pero no se hizo común en Europa hasta 1200 D.C. Aun entonces no se empleaba mucho para copiar las Escrituras, sino que se seguía el uso de vitela y pergamino hasta la invención de la imprenta en 1450 D.C. Desde entonces se ha usado el papel. La palabra hebrea por tinta (Jeremías 36:18) describe algo que fluye suavemente; y la palabra griega significa **negro**. 2 Corintios 3:3; 2 Juan 12; 3 Juan 13. La pluma usada para escribir en papiro, vitela, o pergamino, se hacía de una caña. Ezequiel 9:2, 3,11.

Nota: Las preguntas sobre este capítulo figuran al final del libro.

Capítulo VI
MANUSCRITOS
Y VERSIONES
DE LA BIBLIA

Unas definiciones importantes deben aprenderse de memoria. Un **manuscrito** bíblico es una copia escrita a mano en hebreo o griego, los idiomas originales. Hay dos clases de manuscritos: (1) **Uncial**, escrito en letras mayúsculas; (2) **Minúsculo**, escrito en letras minúsculas, que a veces se llama cursivo. Un **Códice** es un manuscrito en forma de rollos. No existe ninguno de los manuscritos originales; probablemente porque Dios sabía que si los hubiera preservado los hombres los habrían venerado más que a su Autor, y los habrían adorado. Véase 2 Reyes 18:4.

En cuanto a los manuscritos que la pala del arqueólogo excava, hay que decidir si son **genuinos**, es decir, si fueron escritos por el autor o los autores cuyos nombres llevan, a la fecha a que se refiere y si contienen la información dada originalmente por sus escritores. Entonces tiene que decidir si son **auténticos**, es decir, si esa información o ese contenido es verídico. Los eruditos de la iglesia cristiana que se han ocupado con el estudio de los manuscritos por muchos años tienen la experiencia en este asunto, y todos sus fallos son anunciados públicamente; pues un manuscrito fraudulento se descubre muy pronto. Un libro o manuscrito se llama espúreo cuando no se puede probar bien su escritor; y se llama corrompido si su contenido ha sido cambiado. Se habla también de la credibilidad de los manuscritos, queriendo decir que son fidedignos; y de la integridad de ellos cuando se cree que su contenido es auténtico y no ha sido cambiado.

No se puede exagerar la deuda de gratitud que nosotros hemos contraído con los judíos por su cuidado extremo en la preparación y preservación de los manuscritos del A.T. El Talmud (libro religioso de los rabinos) nos da las reglas que ellos exigían de cada escriba, algunas de las cuales son estas: El pergamino tenía que ser hecho de las pieles de animales limpios, preparado sólo por judíos, las hojas unidas por cordones hechos de piel de animales limpios. Cada columna podía tener no menos de 48 y no más de 60 renglones. El escriba tenía que trazar primero los renglones, y si tres palabras se escribieran fuera del renglón el manuscrito no valía nada.

Acerca de la tinta: Tenía que ser negra, preparada por una receta especial. El escritor no podía escribir una sola palabra de su propia memoria; sino que tenía que poner delante una copia auténtica, y tenía que pronunciar cada palabra en alta voz antes de escribirla. Debía limpiar la pluma con mucha reverencia antes de escribir el nombre de Dios; y antes de escribir Jehová tenía que bañarse todo el cuerpo, para que no fuese contaminado aquel Nombre pavoroso. Él tenía que observar reglas muy estrictas acerca de la forma de las letras, los espacios entre letras, palabras, y párrafos, su manera de asir la pluma, el color del pergamino, etc., etc. Cada palabra y cada letra fueron contadas y una revisión cuidadosa hecha de cada rollo no más de 30 días después de su escritura. Un error hallado condenaba la hoja; y si se encontraban tres errores en una hoja, todo el rollo era desechado.

En vista de este cuidado extremo de parte de los judíos para preservar perfectas las Escrituras Santas, podemos tener plena confianza de que Dios ha guardado su Palabra durante todos los siglos desde 1500 A.C. cuando Moisés escribió las primeras páginas (Éxodo 24:4) hasta el último trabajo de Juan el teólogo cerca de 100 D.C.- y también durante los siglos de esta dispensación de gracia. En el tiempo de Cristo los judíos tenían la misma reverencia por su Libro, y el Señor mismo puso su sello sobre sus tres divisiones. Lucas 24:27, 44; Juan 10:35. Él garantizó también los libros de sus discípulos, que ellos escribirían después de su ascensión. Juan 16:12-14; 1 Corintios 2:12, 13. Pues nuestra fe en la inspiración y autoridad de la Biblia, así del N.T. como del A.T. está basada en nuestro Señor Jesucristo. La reverencia de los judíos puede ilustrarse por las palabras de un rabino anciano a un escriba joven: "Ten cuidado como trabajas, porque tu obra es una obra celestial. Cuidado de no omitir ni añadir una sola letra de tu manuscrito, porque haciendo eso tú serías un destruidor del mundo."

Los manuscritos del N.T. también fueron copiados con mucho cuidado por los cristianos de los primeros siglos; muchas veces los monjes fueron los que los copiaban y los guardaban escondidos durante los tiempos de persecución. Pero es triste relatar que durante los siglos de obscuridad (500 a 100 D.C.) los monjes mismos vinieron a ser tan ignorantes y mundanos que no apreciaban el valor de los manuscritos que tenían; y así perecieron muchos de inestimable valor, como verás después en tu estudio de los manuscritos especiales.

Vamos a mencionar ahora unos manuscritos y códices de valor, que nos prueban cómo Dios ha preservado su Palabra y nunca ha permitido que se apague su luz aun en tiempos de gran obscuridad. El manuscrito más antiguo que tiene su fecha escrita es el **Códice de Leningrado**, 916 D.C. que contiene los Profetas Posteriores en hebreo, vitela, en Rusia. El más antiguo que contiene **todo** el A.T. está en la misma biblioteca en Rusia, fechado 1010 D.C. Hay un manuscrito del Pentateuco en Londres, vitela, códice, fecha probable 820-850 D.C. No hay certidumbre en estas fechas. Cerca de dos mil manuscritos del A.T. se conocen, pero pocos son completos.

Más de cuatro mil manuscritos del N.T. han sido registrados, y su número va creciendo con las excavaciones de la arqueología. Voy a mencionar los cuatro más bien conocidos, cuyas descripciones deben ser memorizadas por el estudiante:

(1) **Códice Vaticano**, quizás el más antiguo que existe, conocido por la letra B. Contiene todo el A.T. en griego, la versión de Los Setenta, todo el N.T. en griego, también libros apócrifos. Propiedad de la iglesia romana, guardado en el Vaticano, vitela, uncial, 325 D.C. (2) **Códice Sinaítico**, 350 D.C., griego, conocido por el título Aleph, la primera letra del alfabeto hebreo. No se sabe dónde fue escrito, fecha probable 340 D.C., griego, vitela, contiene la mitad del A.T. y todo el N.T. y parte de los libros apócrifos. Es ahora propiedad del gobierno británico, guardado en el Museo de Londres, Inglaterra. La historia de este manuscrito es muy interesante. El Dr. Tischendorf, profesor bíblico de Alemania, estaba viajando de un país a otro buscando manuscritos antiguos de la Biblia en el año 1844. Llegó al monasterio de Santa Catalina al pie del Monte Sinaí en Arabia. Allí vio en el pasillo un canasto lleno de materiales que iban a usar para prender la lumbre en el fogón; y los monjes le dijeron que ya habían quemado dos canastos de los mismos pergaminos.

Tischendorf no podía disimular su deleite al reconocer allí un tesoro de valor inestimable, pero los monjes ignorantes, que no sabían leer, comenzaron luego a maliciar que tenían algo que podrían vender más caro, y no dejaron al profesor ni leer los pergaminos. Solamente 43 hojas que ellos creían que no tenían ningún valor, se vendieron a él. Esas hojas, sin embargo, tenían una parte del A.T. y todavía quedan en la Universidad de Leipzig, Alemania. En 1853 Tischendorf visitó otra vez el mismo monasterio, pero no encontró nada. En 1859 hizo otra visita, esta vez comisionado por el Zar de Rusia, y parecía que su viaje otra vez había sido infructuoso. Pero cuando él estaba saliendo muy de mañana, el mayordomo le dijo que tenía un ejemplar de la Versión de los Setenta, y llevó al profesor a su cuarto. Allí él sacó un paquete envuelto en un paño rojo. Al abrirlo, se revelaron a los ojos del visitante encantado no sólo los pergaminos del A.T. que él había visto quince años antes, sino también el N T. completo.

A Tischendorf, le fue permitido quedarse una noche más en

el monasterio, y llevar los manuscritos a su cuarto para mirarlos. El sintió que la ocasión era demasiado sagrada para dormir; pues paso toda la noche copiando todo lo que pudo de los tesoros que había encontrado. Después todo el Códice fue prestado al Zar, y a fines de 1859 éste lo consiguió de los monjes y fue puesto en la gran biblioteca rusa como propiedad del gobierno y la iglesia Ortodoxa del Oriente. La revolución de 1917 lo dejó caer en poder de los bolcheviques ateos, pero ellos eran muy astutos en calcular su precio. Los protestantes de Inglaterra al fin lo compraron para depositarlo en el Museo Británico de Londres, y tuvieron que pagar cien mil libras esterlinas (cerca de 510,000 dólares) que es la más grande compra literaria jamás registrada. Véase un artículo en **Literary Digest** de enero 6 de 1934.

(3) Códice Alejandrino, 450 D.C., griego, vitela, uncial, conocido por la letra A, contiene el A.T. y N.T. completos (con excepción de unas hojas), y está en el Museo Británico de Londres. Probablemente fue escrito en Alejandría, Egipto. En 1621 fue llevado a Constantinopla, y en 1624 fue presentado al Embajador Británico en Turquía para ser obsequiado por él a Jacobo I, rey de Inglaterra. Este es el mismo Jacobo que autorizó la Versión de toda la Biblia en inglés que fue completada en 1611; pero él murió antes de la llegada de este Códice, que fue después aceptado por Carlos I en 1627 y colocado en la Biblioteca Real. Finalmente en 1757 el Rey Jorge II, regaló esa biblioteca a la nación británica, y el Códice famoso llegó al Museo Británico. Este fue el primer manuscrito uncial para ser usado por los traductores bíblicos.

(4) Códice Efraim, 450 D.C., conocido por la letra C vitela de segunda clase, griego, contiene la mayor parte del A.T. y ciertos libros del N.T. Este manuscrito se llama un **palimpsesto** (borrado) y escrito de nuevo porque tiene dos obras, una encima de la otra. La vitela era un material muy costoso; y muchas veces los escribas borraban una escritura vieja para escribir en el mismo pergamino algo distinto. En la ignorancia de la edad tenebrosa, a veces una escritura de gran valor fue cubierta por otra que no valía nada. Este Códice C que tenía los sermones

del Padre Efraim de la iglesia siríaca (299-378 D.C.) fue escrito en Alejandría y llevado a Italia cerca de 1500 D.C. En 1553 cayó en poder de Catalina de Médicis que quería leer los sermones de Efraim. Ella era una mujer italiana de malísima reputación; pero vino a ser esposa y madre de reyes franceses. Cuando ella murió el códice fue puesto en la Biblioteca Nacional de París, donde está todavía.

Cerca del fin del siglo XVII, un estudiante notó que en algunas páginas él podía discernir otra escritura debajo; y después de investigaciones por los eruditos, la escritura de arriba fue borrada y la de abajo restaurada, que resultó ser una copia muy antigua de la Biblia en griego. Fue el mismo Dr. Tischendorf que tuvo mejor éxito en el trabajo de restauración, y él era el primero que pudo leerla bien, redactando y publicándola en 1845.

Es bueno siempre guardar en tu mente una distinción clara entre los manuscritos copiados en los idiomas originales de hebreo y griego y las versiones o traducciones de ellos en otros idiomas. La versión de los LXX, es probablemente la primera traducción que fue hecha, y es una versión del A.T. en griego, hecha en Alejandría, Egipto, de 280 a 180 A.C. No existe la versión original, y el más antiguo manuscrito de la versión de los LXX que tenemos ahora está fechado cerca de 350 D.C. El mero hecho de que las Escrituras hebreas fueron traducidas en griego dos siglos antes de Cristo, prueba que ellas todas existían entonces, y que el canon del A.T. había sido cerrado. Y prueba también que los judíos que hablaban griego en Egipto y otros países necesitaban y consiguieron una traducción de sus Libros Sagrados en el idioma conocido por todo el mundo de aquel entonces. En el plan de Dios esto era una preparación para la circulación después del N.T. en el mismo idioma griego. Cristo y sus apóstoles muy a menudo citaban pasajes de la versión de los LXX.

Es probable que la primera versión de la Biblia por manos cristianas fue una traducción del hebreo del A.T. y del griego del N.T. en siríaco cerca de 150 D.C. Debemos notar también la Vulgata, nombre que significa común o corriente, que fue hecha por Jerónimo cerca de 400 D.C. Es una traducción del hebreo original del A.T. en latín, aunque es probable que tradujo los Salmos de la versión de los LXX. El N.T. él revisó y corrigió de varias versiones latinas ya existentes. La Vulgata fue la versión usada por las iglesias de Europa y Africa hasta el tiempo de la Reforma, cuando comenzaron a hacer y usar versiones en sus propios idiomas.

Versiones de la Biblia en inglés

(1) La Versión de Juan Wyclif. 1383. El era uno de los más eruditos de su siglo, y ha sido llamado el primer protestante, porque predicó por muchos años proclamando las verdades bíblicas y protestando en contra de los errores de Roma que entonces gobernaba las iglesias de Inglaterra. Muy pocos sabían leer el latín, y Wyclif abogaba por el derecho de cada hombre de leer la Biblia por sí mismo; y él resolvió dar a los ingleses una versión en su propio idioma. El fue muchas veces arrestado, perseguido, y vituperado pero con la ayuda milagrosa de Dios logró su intento, e hizo una versión de la Biblia entera de la Vulgata en inglés. En aquel tiempo un escriba tardaba diez meses para copiarla y a veces un ejemplar costaba 100 dólares. Wyclif murió en su cama, a pesar de la rabia y furia de sus enemigos romanos. Años después de su muerte sin embargo, por orden del Papa, su tumba fue abierta, la caja y el esqueleto quemados públicamente, y las cenizas tiradas en el río Swift. Un predicador cristiano (Tomás Fuller) después escribió: "El Swift las llevó al Avón, el Avón a la Sabrina, la Sabrina a los mares estrechos, y éstos al gran océano. Así las cenizas de Wyclif son símbolos de su doctrina, que ahora ha sido esparcida en todas partes del mundo."

(2) Llegamos ahora al tiempo de la invención de la imprenta por Gutenberg en Alemania, 1450 D.C. Esto fue una ayuda tremenda en la diseminación de la Palabra de Dios. Notaremos la versión de **Guillermo Tyndale**, primero del N.T. del griego original, que fue impresa en Alemania en 1525. Él completó una versión del Pentateuco del hebreo en 1530, y siguió traduciendo los demás libros del A.T. hasta su martirio en 1536, dejando su amigo Juan Rogers para completar la obra. La Biblia

entera fue impresa en inglés en 1537; pero a causa del odio y persecución de las autoridades al mero nombre de Tyndale, fue publicada bajo el nombre de Tomás Mateo, y siempre ha sido conocida en Inglaterra como la Biblia de Mateo.

Tyndale, del cual el mundo no era digno (Heb. 11:38), no podía hallar reposo en ninguna parte de su Inglaterra nativa; pues la dejó en 1524 para viajar en Alemania y otras partes libres del continente de Europa, desterrado por su fe y sus esfuerzos a dar la Biblia a la gente común. Estudiaba y traducía en secreto, y buscaba impresores evangélicos para imprimir su N.T. Se dice que no menos de 18.000 ejemplares fueron pasados de contrabando en Inglaterra, escondidos debajo de tela, sacos de harina, de grano, de azúcar, etc. Los obispos tenían sus soldados inspeccionando los barcos que llegaban a todos los puertos al este de Inglaterra, y ellos lograron hallar cientos de ejemplares del N.T. los cuales quemaban públicamente en las plazas de Londres. Sin embargo los preciosos libritos seguían llegando y vendiéndose, porque había muchos comerciantes evangélicos, y la gente común estaba ansiosa de conseguir la Biblia. Los obispos mismos iban a Colonia y Amberes en busca de los mismos, y ellos pagaban enormes sumas a los impresores, comprando todos los que encontraban. Es verdad que ellos siempre los quemaban; pero ese mismo hecho aumentó la demanda por la Biblia, y el dinero habilitó a Tyndale a imprimir más.

Los romanistas buscaban a Tyndale mismo por años, mientras él huía de un país a otro. En el fin le arrestaron y fue quemado en la plaza de Amberes. Aun durante los meses que le guardaron encarcelado, él estaba ocupado día y noche con su traducción del A.T. Se dice que la influencia de la obra de Tyndale no ha cesado hasta el día de hoy, porque la hermosa versión autorizada inglesa de 1611 fue prácticamente una revisión de la de Tyndale, y es la Biblia más amada de los de habla inglesa hasta la fecha. Es difícil comprender cuánto ha costado a los líderes el trabajo de darnos la Biblia en los idiomas de los varios países.

(3) La Versión Autorizada, traducción de los idiomas originales por 47 eruditos ingleses bajo los auspicios de Jacobo I en 1611. Esta es la versión más usada hasta el día de hoy. (4) La Versión Revisada, una revisión de la anterior, hecha por dos comisiones, una en Inglaterra y otra en los EE.UU. El N.T. fue publicado en 1881 y el A.T. en 1885. (5) La Versión Revisada Normalizada (Standard) cuya revisión se hizo en los EE.UU., y que fue publicada en 1952.

Versiones de la Biblia en español

(1) Una traducción de la Vulgata hecha bajo los auspicios del rey Alfonso X (el Sabio) de 1252 a 1284 D.C. (2) La Biblia de Ferrer, versión del latín al valenciano, publicada en Valencia en 1478. (3) El N.T. de Francisco de Encinas, 1543. (4) La versión de Ferrara, traducción del A.T. al castellano para los judíos, 1553. (5) Revisión del N.T. de Encinas por Juan Pérez, 1556. (6) La Biblia de Casiodoro de Reina, 1569. (7) La de Cipriano de Valera, revisión de la anterior, 1602. (8) La de Felipe Scio de San Miguel, obispo de Segovia, 1793 (católica-romana). (9) La de Félix Torres Amat, 1824. También romana, más libre en su traducción. (10) Nácar Colunga, católica (1944). (11) La Versión Moderna, traducida de las lenguas originales bajo los auspicios de la Sociedad Bíblica Americana, a fines del siglo XIX. Hay también varias versiones que circulan entre los cristianos evangélicos que son revisiones de la Biblia de Valera. La de Cipriano de Valera, revisión de 1960.

Rollos del Mar Muerto

Con esta denominación convencional se conocen los rollos manuscritos descubiertos en varias cuevas al noroeste del Mar Muerto, cerca de un lugar denominado Qumran. El descubrimiento llegó a oídos de los eruditos en el año 1947, algunos de los cuales declararon de inmediato que se trataba del "descubrimiento más importante hasta entonces de manuscritos del Antiguo Testamento."

De los centenares de rollos encontrados, quizá el más importante es el que contiene el libro de Isaías. Según cálculos, sería anterior en mil años al más antiguo texto que se poseía de dicho profeta.

Después del descubrimiento de estos rollos importantes, que según la opinión general datan de una época que media entre el último siglo antes de Cristo y el primer siglo de la era cristiana, se procedió a la exploración sistemática de la región. Se hallaron numerosas cuevas, y hasta ahora se han explorado once, en donde se han hallado numerosos manuscritos, muchos de los cuales son estudiados en la actualidad.

Nota: Las preguntas sobre este capítulo figuran al final del libro.

Capítulo VII
LA HISTORIA JUDAICA ENTRE EL A.T. Y EL N.T.

El último profeta—Malaquías—que puso el sello sobre la profecía del A.T., cumplió su libro unos 400 años A.C. Estos cuatro siglos eran una época de silencio en cuanto a la voz de Dios por medio de sus profetas. Durante el intervalo los judíos en Palestina tuvieron grandes cambios de gobierno, y sufrieron muchas pruebas y aflicciones. Ellos nunca volvieron al culto de los ídolos —parece que la cautividad en Babilonia les había quitado de raíz la tendencia a la idolatría— pero se olvidaron muchas veces de su Dios, y a pesar de los esfuerzos de los sacerdotes macabeos, la nación entera cayo en el formalismo. Hubo siempre un resto fiel que llevaba la lámpara de la verdad, aun en tiempos de gran apostasía; pero en cuanto a la mayor parte de la nación judía, el periodo entre el A.T. y el N.T. era un tiempo de decadencia moral y espiritual.

El A.T. terminó bajo el imperio de los persas, cuyo dominio sobre los judíos era generalmente indulgente y benigno. Nehemías fue gobernador de Judá en el reinado de Artajerjes, quien le concedió permiso para edificar los muros de Jerusalén,

445 A.C. Después de la muerte de Nehemías, Judá fue incluida en la provincia de la Siria, y vino bajo el mando del gobernador de la Siria. Hubo algo de prosperidad para los judíos hasta el año 341 A.C., cuando un rey persa llamado Ochus castigó severamente una rebelión en la Siria, marchó a Judá, y llevó muchos cautivos. Una parte de ellos él deportó a Egipto, y a los otros hizo habitar en Hircania a la orilla del Mar Caspio. Otros judíos fueron a Egipto de su propio albedrío, y por el año 320 A.C. hallamos una gran colonia de judíos en la ciudad egipcia de Alejandría.

El imperio persa fue vencido por Alejandro Magno, quien comenzó a establecer el reino universal de los griegos en 334 A.C. El año siguiente marchó a Judá e iba a castigar a los judíos porque no le habían suministrado provisiones mientras él sitiaba a Tiro. El sumo sacerdote Jadua juntó a toda la nación para suplicar el rostro de Dios, pidiéndole socorro y protección contra la ira furiosa del emperador. Jadua entonces tuvo un sueño, en obediencia al cual se vistió esplendorosamente, seguido por todos los demás sacerdotes, vestidos con sus ropas brillantes. Con ellos fue un gran número de los judíos, vestidos de lino blanco, y dejando abiertas las puertas de Jerusalén, la procesión solemne marchó hasta una colina no muy lejos, de donde veían muy claramente el templo y toda la ciudad.

Al llegar Alejandro Magno con su gran ejército, vio al sacerdote venerable y lo saludó con reverencia. Cuando sus generales se sorprendían al verlo, el emperador les dijo que no rendía homenaje al sacerdote mismo, sino a su Dios. Les contó entonces que cuando estaba ya en el país de Grecia, este mismo personaje venerable con los mismos vestidos brillantes le había aparecido en sueños, prometiéndole el trono de los persas. Pues abrazo al anciano Jadua con sumo cariño, entró pacíficamente en Jerusalén, y ofreció sacrificios a Jehová en el templo. Jadua le enseñó las profecías de Daniel que predijeron que un rey griego iba a vencer el imperio de los persas. Pues él salió de Jerusalén en paz, habiendo concedido libertad religiosa a los judíos, y exención de tributos cada séptimo año. Después de esto Alejandro sojuzgó completamente el dominio persa en 330 A.C.

En el año 323 A.C. aconteció la muerte de Alejandro, y su reino fue dividido entre sus cuatro generales. Casandro tomó a Grecia, Lisímaco a Tracia y Bitinia, Seleuco a la Siria, y Tolomeo a Egipto. Los reinos más poderosos vinieron a ser los de la Siria y Egipto, entre los cuales se hallaba Judá como entre el yunque y el martillo. Así fue envuelta en las guerras e intrigas de los reyes del norte (Siria) y del sur (Egipto), como fue profetizado en el cap. 11 de Daniel. Judá fue conquistada a veces por la Siria y a veces por Egipto, el dominio de éste siendo por lo general moderado y benigno. Durante el reinado de Tolomeo Filadelfo de Egipto, cerca de 280 A.C. fue principiada en Alejandría la Versión de los Setenta (LXX) o la traducción del A.T. en griego. Durante aquel tiempo los griegos estaban diseminando su influencia sobre todos los países, y la lengua griega vino a ser el idioma común de los sabios e instruidos de todo el mundo conocido. Así la traducción del A.T. en ese idioma universal hizo mucho para diseminar el conocimiento de Jehová y de sus Santas Escrituras, y a la vez para abrir paso al N.T. y la revelación más completa que iba a venir.

Los judíos de Alejandría aceptaron las costumbres, los modales, y la ciencia de los griegos; pero los judíos de Palestina se negaron a hacerlo. Así se sucedió una envidia entre las dos clases de judíos, que persistió aun en la iglesia cristiana. En Hechos 6:1 se menciona la murmuración de los helenistas (los judíos griegos que habían sido influidos por los griegos en Egipto y otros países) y los hebreos (los judíos de Palestina que siempre habían resistido la influencia griega) de que sus viudas eran descuidadas en la administración diaria, porque los administradores eran judíos de Palestina.

Durante las guerras de la Siria con Egipto, la provincia de Judá fue gobernada por los sumos Sacerdotes, siendo unos partidarios del uno y otros del otro país. Hubo intrigas y contiendas incontables también entre los hebreos y los helenistas para conseguir el oficio de sumo sacerdote. En 175 A.C. fue cumplida la profecía de Daniel 11:21, cuando Antíoco Epifanes, el "hombre despreciable", tomó el reino de la Siria. A él "no le habían dado el honor del reino, sino que entró en medio de seguridad, y se apoderó del reino por medio de halagos." En aquel tiempo hubo un sumo sacerdote muy piadoso llamado Onías, a quien Antíoco depuso y vendió el oficio a su hermano Jasón, un hombre malvado que prometió pagarle 360 talentos al año. Después depuso a éste, y vendió el Oficio otra vez a Menelao (otro hermano de Onías) por 600 talentos. De esto se ve cuán despreciable e inmoral era el rey. Fue a Egipto y lo conquistó. Cuando estaba allí circuló un rumor falso de que había muerto el rey Antíoco; e inmediatamente se levantó Jasón con mil hombres para pelear contra Menelao. Tomó la ciudad de Jerusalén, encerró a su hermano en la torre, y mató a los que le habían opuesto.

Cuando el rey Antíoco oyó de esta revolución, volvió presto de Egipto, suponiendo que toda Judá se había rebelado. Le dijeron que Jerusalén se había regocijado grandemente al oír de su muerte; pues ardiendo en ira, se lanzó furiosamente sobre la ciudad, y la conquistó. Mató a 4.000 personas, llevó en cautiverio a otros tantos, robó todos los tesoros del templo, entró en el Lugar Santísimo, sacrificó una marrana sobre el altar del holocausto, y esparció su caldo en todas partes del templo para profanarlo. Después regresó a su capital de Antioquía, dejando a Menelao como sacerdote y a un malvado muy cruel llamado Felipe como gobernador de Judá.

Pocos meses después, el tirano hizo otro estrago en Jerusalén enviando miles de soldados a matar todos los judíos congregados para su culto el día del sábado. Saqueó la ciudad de sus riquezas, derribó las casas, quemó muchas a fuego, y demolió los muros. Hizo entonces un decreto que todos sus súbditos observasen la religión idólatra de los griegos. Cuando los judíos se negaron a hacerlo, los mató con torturas horribles, y profanó otra vez su templo, quemó todos los ejemplares de sus Escrituras que pudo hallar, dedicó el templo para el culto de Júpiter, erigió una estatua de sí mismo sobre el altar del holocausto, y mató a cuchillo a todos los que le habían resistido.

En este tiempo de angustia (168 A.C.) Dios levantó socorro para los judíos en la familia piadosa de los Macabeos (martillos). Matatías, el sumo sacerdote, con sus cinco hijos se retiró al desierto, llamando a todos los judíos que temían a Jehová a juntarse con ellos. Después de mucha guerra, los Macabeos recobraron la posesión del templo, lo purificaron, y restablecieron el culto de Jehová en todo el país de Judá. La Fiesta de la Dedicación fue inaugurada por ellos en 165 A.C. Juan 10:22. En 164 A.C. Antíoco murió con tormentos indecibles de una úlcera maligna en las entrañas. Después de la muerte de todos los hijos de Matatías, se suscitaron contiendas y divisiones entre los judíos, se levantaron las sectas de fariseos y saduceos, y en fin el país fue conquistado por los romanos en 63 A.C. Cuando Cristo nació César Augusto era emperador de Roma, Cirineo gobernador de la Siria, y Herodes Magno (un idumeo) rey de Judá, tributario a los romanos.

Nota: Las preguntas sobre este capítulo figuran al final del libro.

Capítulo VIII
¿QUÉ VAS A HACER CON LA CARTA?

La Biblia es una carta de amor. Brotó como un raudal de agua vivificante del corazón de Dios mismo. Sus criaturas se habían rebelado contra él, y de su propio albedrío escogieron el camino de Satanás. Pero en vez de destruir a toda la raza pecadora, Dios les habló con misericordia y ternura, y les reveló el plan maravilloso que él había ideado antes de la creación del mundo. Este plan de salvación daba a cada pecador que se arrepintiese y creyese el mensaje, el privilegio de ser redimido, perdonado, y hecho otra vez un hijo obediente, para andar con su Padre celestial en una vida de santidad.

El mensaje divino fue comunicado poco a poco a hombres santos que se rindieron al control del Espíritu Santo, y sus manos humanas escribían la carta del amor de Dios durante muchos siglos. Había, sin embargo, una lucha y un conflicto moral entre Satanás y el mensaje de Dios. No sólo luchaba el enemigo para impedir su escritura, sino también para destruir lo que ya se había escrito. Jeremías 36:23. Pero la mano del Dios Todopoderoso estaba sobre su mensaje en todos los siglos;

y a la rabia y furia de sus enemigos él decía: "Hasta aquí llegarás, y no pasarás adelante, y ahí parará el orgullo de tus olas." (Job 38:11).

Las fuerzas del enemigo muchas veces lograron la destrucción de los que escribían o traducían el mensaje; y por el mero hecho de tenerlo en su posesión muchos fueron quemados. "Otros experimentaron vituperios y azotes, y a más de esto prisiones y cárceles. Fueron apedreados, aserrados, puestos a prueba, muertos a filo de espada; anduvieron de acá por allá cubiertos de pieles de ovejas y de cabras, pobres, angustiados, maltratados; de los cuales el mundo no era digno; errando por los desiertos, por los montes, por las cuevas y por las cavernas de la tierra." (Hebreos 11:36-38).

Querido lector, tú ahora tienes en la mano esta carta del amor de tu Padre celestial. Acuérdate que no sólo costó mucho a los que la han preservado para ti durante los siglos pasados, sino que también le costó mucho a él, el gran Autor y Escritor de la carta. Para poner este mensaje de salvación en tus manos, le costó a él la muerte de su Hijo unigénito. ¿Acaso has oído jamás de una carta tan costosa, un mensaje de tanto valor? Dios Padre dio a su Hijo para tu salvación, Dios Hijo derramó su preciosa sangre, y Dios Espíritu Santo se digna morar en tu ser, iluminando tu espíritu y tu mente, para que su Palabra te sea espíritu y vida. Juan 6:63.

¿Qué vas a hacer pues de esta carta? A ti ha sido entregada en tu propio idioma, en lenguaje tan sencillo que tú nunca podrás decir que no la puedes leer ni comprender. ¿Qué vas a hacer con ella? De tu respuesta depende el resultado de tu estudio de este libro. Esta es una introducción a tus estudios de la Biblia, solamente el principio, de ellos; y al hablar de un principio se presupone que después seguirá un curso de acción, una práctica de lo que se ha aprendido.

Hay dos cosas sin las cuales tu introducción resultará infructuosa. La primera es que aceptes esta carta del amor de tu Padre celestial como **tuya**, y en gratitud a él le rindas todo tu ser. La segunda es que te dediques a **entregar la carta a otros** que no la hayan recibido. Gran parte de la población del mundo hoy yace en las densas tinieblas del paganismo y superstición, sin haber oído del Salvador. ¿Vas a escuchar las voces halagadoras del mundo que te llaman a una vida de comodidades; o vas a obedecer la voz tierna y dulce del Espíritu Santo que te impulsa a una vida de sacrificio? La carta de amor está dirigida a todos los seres humanos, y nosotros que la tenemos la debemos a los demás.

Se cumplirá el fin de este humilde libro si cada lector se rinde enteramente al Espíritu de Dios para aceptar su carta de amor y para dedicar su vida a pagar la deuda a los que no la han recibido "Deudor soy a los griegos, y también a los bárbaros, a los sabios, y también a los ignorantes. Hasta donde me sea posible, pues estoy pronto a predicar el evangelio... pues no me avergüenzo del evangelio; porque es poder de Dios para salvación a todo el que cree, primeramente al judío, y también al griego" (Romanos 1:14-16).

PREGUNTAS
CAPÍTULO 1

1. ¿Cuál es la diferencia entre la Introducción Bíblica y la Introducción Bíblica Especial?

2. La palabra...en este libro se usa para describir la comunicación de Dios al hombre de aquellas verdades acerca de su................,...................,...............y la...............del...............

3. ¿En cuántos testamentos se divide la Biblia?

4. ¿Por qué es preferible la palabra "pacto" en vez de "testamento"?

5. ¿Cuántos libros hay en el Antiguo Testamento?

6. Nombre las cinco divisiones del Antiguo Testamento.

7. El Nuevo Testamento contiene...libros.

8. Nombre las tres divisiones del Nuevo Testamento.

9. ¿Cuántas personas escribieron los libros de la Biblia?

10. ¿Quién dividió la Biblia en capítulos cerca del año 1220 D.C.?

OPCIONAL: Busque información adicional en los libros siguientes:

Nuestra Biblia, por A. Clifford

Compendio Manual de la Biblia (Páginas 16-26) por Halley

Introducción popular al estudio de las Sagradas Escrituras, por Miles

CAPÍTULO 2

1. ¿Cómo fue la inspiración de la Biblia?

2. "En la Biblia tengo la.......................... de todo lo que él puede hacer para la.........................."

3. ¿Cuál es la diferencia entre "inspiración" y "revelación"?

4. Dé un ejemplo de un pasaje escrito bajo inspiración sin revelación.

5. ¿Qué es la profecía?

6. Nombre las cinco teorías erróneas de la inspiración. Describa una.

7. "Todo depende de nuestra........................... hacia él; y si le.......................... a él como nuestro Salvador........................ también su Palabra."

8. Aprenda de memoria el párrafo que empieza "La inspiración que la Biblia..." y termina "regla infalible de fe y conducta."

9. Dé los seis puntos en resumen de la Inspiración Verbal Plenaria.

OPCIONAL: Busque información adicional en los libros siguientes:
Lea el ultimo capitulo de *Nuestra Biblia*, por Walker
Introducción popular al estudio de las Sagradas Escrituras, por Miles

CAPÍTULO 3

1. ¿Qué significa "interpretar"?
2. Dé las siete reglas para interpretar la Biblia.
3. ¿Cuál es el propósito o fin de las Escrituras?
4. ¿De quién es la Biblia una revelación?
5. La Biblia da testimonio de que Dios ha hablado a los hombres en el A.T. por medio de..........................., en los Evangelios por........................., y después del Día de Pentecostés por medio de los......................e........................por Cristo mismo conforme a su promesa.
6. Los que vivían antes de Cristo fueron salvos mirando su.........................; y todos los que hemos vivido después de su venida somos salvos mirando......................... al .... de.........................

OPCIONAL: Busque información adicional sobre las reglas de interpretación bíblica en cualquier libro de hermenéutica.

CAPÍTULO 4

1. ¿Qué significa la palabra "canon"?
2. La Gran Sinagoga dividió el canon de las Escrituras del A.T. en tres partes. Nombre las tres partes.
3. ¿En qué año fueron aceptados los 27 libros del N.T.?
4. Para formar un canon es preciso tener siete cosas. Nombre cinco de las siete.
5. ¿Por qué es necesario tener un canon de las Escrituras Santas? De tres razones.
6. Al formar el Nuevo Testamento, ¿qué pruebas se usaban para declarar un libro canónico?

7. Nombre diez razones por qué los libros apócrifos no fueron añadidos al canon.

8. Lea las páginas 356 a 360, 652 hasta 661 en el *Compendio Manual de la Biblia*, por Halley.

OPCIONAL: *Introducción popular al estudio de las Sagradas Escrituras*, por Miles
Nuestra Biblia, por A. Clifford

CAPÍTULO 5

1. Describa la pictografía.
2. ¿Qué es un alfabeto?
3. ¿De dónde vino la escritura alfabética?
4. ¿En qué idioma fue escrita la mayor parte del A.T.?
5. ¿Qué es un libro?
6. ¿Cuáles son algunos de los materiales usados para escribir la Biblia? Nombre diez.
7. ¿En qué materiales fue escrito el A.T.?
8. Lea páginas 44-57; 744-745 del *Compendio Manual de la Biblia*, por Halley.

OPCIONAL: *Nuestra Biblia*, por A. Clifford

CAPÍTULO 6

1. ¿Qué es un "manuscrito bíblico"? Nombre las dos clases.
2. Nombre algunas de las reglas que los escribas tenían que observar al copiar los manuscritos del Antiguo Testamento.

3. Llene los blancos siguientes:

MANUSCRITO	IDIOMA	AÑO ESCRITO
Códice Vaticano	....	....
Códice Sinaítico	....	....
Códice Alejandrino	....	....
Códice Efraim	....	....

4. ¿Cuál es la primera traducción al griego que fue hecha del Antiguo Testamento?
5. ¿Cuál es probablemente la primera versión de la Biblia por manos cristianas?
6. Nombre cinco versiones de la Biblia en inglés.
7. Nombre diez versiones de la Biblia en español.
8. Lea las páginas 662 a 667 en el *Compendio Manual de la Biblia* por Halley.

OPCIONAL: Busque información adicional sobre los manuscritos del Mar Muerto; también busque información de esta lección en los libros siguientes: *Introducción a la arqueología bíblica*, por H. Vos y *Nuestra Biblia*, por A. Clifford. Para más información sobre las versiones en español vea *Versiones castellanas de la Biblia*, por Marroquín.

CAPÍTULO 7

1. El último profeta del Antiguo Testamento fue.........................
Escribió su libro unos.........................años antes de Cristo.

2. ¿Por qué los judíos nunca volvieron al culto de los ídolos?

3. ¿Cuál fue la condición moral y espiritual de la nación judía durante el tiempo entre el A.T. y el N.T.?

4. ¿Quién fue el sumo sacerdote que juntó toda la nación judía para suplicar a Dios socorro y protección contra la ira del emperador Alejandro Magno?

5. ¿Qué diferencia se observaba en este tiempo entre los judíos en Alejandría y los que estaban en Palestina?

6. En 175 A.C. fue cumplida la profecía de Daniel 11:21. ¿Cómo se llama el hombre que cumplió esa profecía?

7. Describa que pasó cuando Antíoco entró en el Lugar Santísimo.

8. ¿A quién dedicó el templo cuando los judíos se negaron a observar la religión idolatra?

9. Dios levantó socorro en la familia piadosa de los....................

10. ¿Qué dos sectas se levantaron entre los judíos después de la muerte de Antíoco?

11. Cuando Cristo nació.........................era emperador de Roma,.........................gobernador de la Siria, y Herodes Magno, rey de.........................

12. Lea en el *Compendio Manual de la Biblia*, por Halley las páginas 354, 355, 362, 363.

OPCIONAL: Busque información adicional en el libro *Entre los dos Testamentos*, por W. Smith.

CAPÍTULO 8

1. La Biblia es una carta de.........................

2. Hay dos cosas sin las cuales su introducción resultará infructuosa. ¿Cuáles son?

3. Lea las páginas 714-729 del *Compendio Manual de la Biblia*, por Halley.

DISFRUTE DE OTRAS PUBLICACIONES DE EDITORIAL VIDA

Desde 1946, Editorial Vida es fiel amiga del pueblo hispano a través de la mejor literatura evangélica. Editorial Vida publica libros prácticos y de sólidas doctrinas que enriquecen el caudal de conocimiento de sus lectores.

Nuestras Biblias de Estudio poseen características que ayudan al lector a crecer en el conocimiento de las Sagradas Escrituras y a comprenderlas mejor. Vida Nueva es el más completo y actualizado plan de estudio de Escuela Dominical y el mejor recurso educativo en español. Además, nuestra serie de grabaciones de alabanzas y adoración, Vida Music renueva su espíritu y llena su alma de gratitud a Dios.

En las siguientes páginas se describen otras excelentes publicaciones producidas especialmente para usted. Adquiera productos de Editorial Vida en su librería cristiana más cercana.

BIBLIA DE ESTUDIO NVI

La primera Biblia de estudio creada por un grupo de biblistas y traductores latinoamericanos. Con el uso del texto de la Nueva Versión Internacional, esta Biblia será fácil de leer además de ser una tremenda herramienta para el estudio personal o en grupo. Compre esta Biblia y reciba gratis una copia de *¡Fidelidad! ¡Integridad!*, una guía que le ayudará a aprovechar mejor su tiempo de estudio.

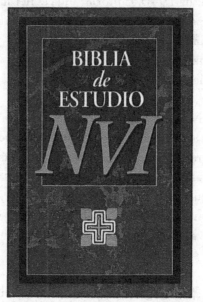

ISBN: 0-8297-2401-X

Una vida con propósito

Rick Warren, reconocido autor de *Una Iglesia con Propósito*, plantea ahora un nuevo reto al creyente que quiere alcanzar una vida victoriosa. La obra enfoca la edificación del individuo como parte integral del proceso formador del cuerpo de Cristo. Cada ser humano tiene algo que le inspira, motiva o impulsa a actuar a través de su existencia. Y eso es lo que usted podrá descubrir cuando lea las páginas de *Una vida con propósito*.

0-8297-3786-3

BAUTIZADO POR FUEGO

0-8297-4501 7

Smith Wigglesworth fue un joven franco y poco educado de Yorkshire, quien nunca dominó totalmente el arte de la lectura y la escritura. Un día, en una pequeña capilla metodista, escuchó el llamado de Dios e inmediatamente comenzó la obra de desafiar a todo aquel que conociera a «solamente creer». En los siguientes cincuenta años habría de convertirse en la figura principal del creciente movimiento pentecostal, dirigiendo misiones en todo el mundo.

Bautizado por FUEGO

Wigglesworth es una leyenda y una inspiración. Todos deben leer este libro maravilloso y edificador de la fe.
MIKE PILAVACHI

JACK HYWEL-DAVIES

LA HISTORIA DE SMITH WIGGLESWORTH

LOS 9 HÁBITOS

DE LAS IGLESIAS ALTAMENTE EFECTIVAS

0-8297-4854-7

George Barna presenta nueve hábitos que han demostrado ser claves para que una iglesia llegue a ser un cuerpo eficiente. Su libro destierra mitos populares y creencias erradas sobre lo que significa ser una iglesia pujante en la sociedad actual. Es un excelente recurso para líderes en el ministerio que buscan o desean revalorar y reestructurar una iglesia.

SATANÁS Y EL PROBLEMA
DE LA MALDAD

0-8297-4351-0

Este importante libro ayuda a entender el rol de Satanás, no solo cuando leemos las Escrituras, sino también cuando las tragedias nos golpean. Gregory Boyd sabe de la búsqueda de respuestas que los cristianos llevan a cabo en relación con este aspecto, y por eso ofrece una rigurosa reflexión filosófica sobre una comprensión alternativa de la soberanía de la Trinidad y de la realidad de Satanás.

EL AGUIJÓN
EN LA CARNE

0-8297-4461-4

En este libro el autor explica qué significa el «aguijón en la carne» al que se refiere Pablo, la razón por la que lo tenemos y qué cosa deberíamos entender por causa de él. Siendo compasivo con respecto a la dolorosa situación en la que el lector pueda encontrarse —un matrimonio infeliz, condiciones difíciles de trabajo, soledad, dudas sobre la sexualidad o una enfermedad crónica, por ejemplo—, él muestra cómo es que la gracia de Dios

es suficiente sin importar de qué aguijón se trate. En efecto, este libro puede guiar al lector a obtener una intimidad inimaginable con Jesús.

BIBLIA
NVI BILINGÜE

NUEVA VERSIÓN INTERNACIONAL

A DOS TONOS

0-8297-4791-5

Una Biblia que ofrece el máximo de portabilidad y que viene ahora con una cubierta suave y flexible de piel italiana a dos tonos.

NVI Ultra fina Magnética

0-8297-4325-1

Una Biblia que ofrece el máximo de portabilidad y que viene ahora con una cubierta suave y flexible de piel italiana a dos tonos. Su papel fuerte y ultra fino hace que su grosor no sea mayor de tres cuartos de pulgada.

Nos agradaría recibir noticias suyas.
Por favor, envíe sus comentarios sobre este libro
a la dirección que aparece a continuación.
Muchas gracias.

Vida@zondervan.com
www.editorialvida.com